Oberes Ahrtal

Mittleres Ahrtal

Lieblingsplätze für Genießer

AHRTAL

VOLKER JOST | SVEN WESTBROCK

Aus Gründen der Lesbarkeit und Sprachästhetik wird in diesem Buch das generische Maskulinum verwendet. Mit der grammatischen Form sind ausdrücklich weibliche sowie alle anderen Geschlechtsidentitäten berücksichtigt, insofern dies durch den Kontext geboten ist.

Für das Buch wurden QR-Codes generiert, die zu den Websites der Lieblingsplätze führen. Um sie zu nutzen, öffnen Sie die Kamera-App Ihres Endgeräts und richten den Rahmen für circa drei Sekunden auf den Code. Sollte daraufhin keine Benachrichtigung erscheinen, müssen Sie ggf. das Scannen in den Einstellungen Ihres Gerätes erst aktivieren. Wenn diese Option nicht verfügbar ist, können Sie einen QR-Code-Reader von Drittanbietern in Ihrem App-Store kostenfrei herunterladen.

Alle Informationen im Buch wurden geprüft. Gleichwohl verändern sich Gegebenheiten, daher erfolgen alle Angaben ohne Gewähr. Bei Fragen zur Produktsicherheit gemäß der Verordnung über die allgemeine Produktsicherheit (GPSR) wenden Sie sich bitte an den Verlag. Sollte bei einem QR-Code ein Fehler angezeigt werden, sind wir für eine Nachricht dankbar. Auch über Ihr Feedback zum Buch freuen sich Autor und Verlag: lieblingsplaetze@gmeiner-verlag.de.

Sofern nicht im Folgenden gelistet, stammen alle Bilder von Volker Jost und Sven Westbrock: Dominik Ketz 8, 22, 52, 62, 136, 140; Miriam Krengel 36; Marco Rothbrust 84; Max Harrus 106

Besuchen Sie uns im Internet:
www.gmeiner-verlag.de

1. Auflage 2024

Im Ehnried 5, 88605 Meßkirch
Telefon 07575/2095-0
info@gmeiner-verlag.de

QR-Code einscannen und kostenloses E-Book anfordern.

Lektorat/Redaktion: Ricarda Dück
Herstellung: Julia Franze
Bildbearbeitung/Umschlaggestaltung: Susanne Lutz
unter Verwendung der Illustrationen von © SylwiaNowik – stock.adobe.com, Fiedels, VRD, natbasil, SimpLine, nicknik93759375, paullouis, DesignStudio RM -.stock.adobe.com; © OpenClipart-Vectors pixabay.com; © Susanne Lutz
Kartendesign: © www.printmaps.net
Druck: AZ Druck und Datentechnik GmbH, Kempten
Printed in Germany
ISBN 978-3-8392-0613-3

Unteres Ahrtal

Im Teufenbach bei Ahrweiler

Liebe auf den ersten Blick

Warum das Ahrtal meine Heimat wurde – und mehr denn je ist

Liebe Leserin, lieber Leser,

kennen Sie das Gefühl, sich auf den ersten Blick zu verlieben? Es kann trügerisch sein, muss zu überhaupt nichts führen, und ob es für immer hält, weiß man erst, wenn »für immer« sein glückliches Ende findet. Aber wenn es da ist, ist es eines der schönsten Gefühle des Lebens.

Eine solche Liebe erfasste mich, als ich 1999 meine berufliche Heimat fand und auf Wohnungssuche ging. Das Internet war noch jung (Gott, ich auch!), ich sah mir also die Umgebung persönlich an. Und fand das Ahrtal. Es war Herbst.

Allein die Nennung der Jahreszeit malt Ahrtalern ein wissendes Lächeln ins Gesicht, jedes weitere Wort überflüssig. Allen anderen sei gesagt: Der Anblick ist überwältigend. Man ist schockverliebt. In die prächtigen Farben der Weinberge, die malerische Stadtmauer Ahrweilers mit ihren beeindruckenden Toren, die pittoreske Innenstadt und die freundlichen Menschen darin. Und je weiter man die Ahr hinauffährt, desto stärker wirkt die Anziehungskraft dieses Tals und seiner Besonderheit: Dass, wo immer man sich aufhält, um einen herum Weinberge bis in den Himmel zu ragen scheinen. Was natürlich auch bedeutet, dass man an jeder Ecke die weltbesten Weine bekommt, aber das sollte ich erst später in anfangs gnadenloser Deutlichkeit erfahren …

Im Jahr 2000 zog ich in eine Dachgeschosswohnung in Ahrweiler. Und erfuhr, was es heißt, sich eine neue Heimat zu wählen. Ich lebte auch eine Zeit lang in Bonn, Berlin, München, Münster, Wiesbaden. Seien Sie versichert, man muss kein Dorfkind sein, um das Ahrtal in jedem dieser Vergleiche als Heimat vorzuziehen. Als wir uns 2018 also dafür entschieden, mit unserer kleinen Familie »für immer« hier anzukommen, hätten wir nicht im Traum damit gerechnet, auf welche Probe dieses liebliche Tal uns bald stellen würde.

Den Rest der Geschichte kennen Sie. Die Katastrophe, die unser aller Leben am 14.07.2021 erschüttert hat, ging mit schrecklichen Bildern und oft noch schrecklicheren Geschichten um die Welt. Und sie wird unvergessen bleiben.

Doch, um es mit dem Satz auszudrücken, der einem örtlichen Sparkassendirektor zugeschrieben wird: »Die Frontscheibe ist größer als der Rückspiegel!« Während die meisten Bilder im Rückspiegel nach und nach verblassen, gewinnen die schönen, die wir durch die Frontscheibe sehen, an Kraft.

»Mensch, ist das schön geworden!« Wie oft hört man diesen Satz? Geschäfte, Restaurants, Hotels, Weingüter, Häuser, Gärten – vieles von dem, was wieder errichtet wurde, wurde besser gemacht. Aus dem *Wieder*aufbau wurde – wo Menschen und Umstände es ermöglichten – ein *Neu*aufbau. Ein Neuaufbau mit Bedacht, der den Charakter des Tals nicht verändert, es aber, ganz vorsichtig, moderner, lebendiger, »cooler« macht. Concept Stores entstanden, Wellnessbereiche wurden erweitert, neue Vinotheken gebaut, Restaurantdesigns angepasst, Veranstaltungsformate aus dem Boden gestampft. Junge, kreative Köpfe übernahmen wie selbstverständlich das Erbe ihrer Vorgängergeneration und investierten mehr Kraft und Herzblut, als man außerhalb einer solchen Ausnahmesituation jemals aufbringen könnte. Und schafften es, gemeinsam, den »Spirit« im ganzen Tal zu beleben und deutlich zu machen: Wir haben nicht nur eine Zukunft – sie kann sogar noch besser werden.

Dieser Neuaufbau ist nicht abgeschlossen. Wir werden noch Jahre brauchen, bis das Tal in Gänze in neuem Glanz erstrahlt. Doch auf dem Weg dorthin tauchen im Wochentakt neue Lichtblicke auf, die Mut und Freude machen. Viele von ihnen finden Sie in diesem Buch, sehr viele weitere stehen bereits oder werden entstehen. Ich freue mich darauf. Und wir uns alle auf Sie!

»Besuchen Sie das Ahrtal,
weil alles wieder geht.«

Andy Neumann

Einige der schönsten Plätze im Ahrtal sind von kurzer Dauer. Von Frühjahr bis Herbst öffnen viele Winzer ihre Locations in den Weinbergen. Wandern lohnt also, nirgends trinkt es sich authentischer!

Oberes Ahrtal

Blick auf die Nürburg

Freilinger See-Bar
(Frühling bis Herbst)
Am Freilinger See 2
53945 Blankenheim
02697 390

Ahrquelle
An der Ahrquelle 3
53945 Blankenheim

1 Abkühlung unweit der Ahrquelle

Freilinger See-Bar

Die offizielle Bezeichnung ist etwas sperrig. Da passt es gut, dass die 1976 erbaute Stauanlage Weilerbach als Freilinger See bekannt ist, benannt nach dem Blankenheimer Ortsteil, in dem sie liegt, im Süden von Nordrhein-Westfalen an der Landesgrenze zu Rheinland-Pfalz. Gespeist wird das Gewässer vom Weilerbach, einem Zufluss der in der Nähe entspringenden Ahr. Diese ist in Blankenheim noch mehr Bach als Fluss – und wird dort entsprechend Junge Ahr genannt.

Cetin Erdogan nennt das Idyll am Freilinger See »Klein Kanada«. Er betreibt die Freilinger See-Bar direkt am Ufer. Seine Getränkekarte umfasst ein breites Angebot mit Kaffee, Limonaden in vielen Variationen, Weinen, Bieren, Longdrinks und Cocktails. Zum Essen stehen beliebte Imbisse wie Pizza, Salate, Bratwürste und Pommes zur Auswahl. Das alles lässt sich in Strandstühlen mit Blick auf das Wasser genießen.

Das Publikum ist bunt gemischt. Eine große Bandbreite verschiedenster Gruppen – von Familien mit kleinen Kindern bis zu Motorradclubs – besuchen den malerischen Freilinger See, um sich eine Auszeit zu gönnen. Besonders während der warmen Jahreszeit können sie das sportliche Treiben auf dem und am Wasser beobachten – oder gleich selbst ein Teil davon werden. Schwimmen ist möglich – auf eigene Gefahr –, und Tretboote können ausgeliehen werden. Um den See herum führt ein Nordic-Walking-Pfad. Für Kinder steht auf dem Spielplatz neben der Bar ein Piratenschiff bereit. Hunde können sich auf einer eigenen Wiese ungestört austoben. Wer über Nacht bleiben will, findet auf dem Campingplatz am See ein beschauliches Plätzchen – entweder im eigenen Wohnmobil oder in einer der dortigen Hütten und Lodges.

Etwa acht Kilometer von der Freilinger See-Bar entfernt liegt der Ortskern von Blankenheim. Die Ahr-Quelle entspringt dort im Keller eines Gästehauses, eines Fachwerkbaus von 1726.

Von SER – Sion's Eifeler Räucherkammer
Restaurant S-Ecke
Ahrstraße 17
53533 Müsch
02693 930033

Burg Aremberg
Burgstraße 23
53533 Aremberg

2 Lachs auf Eifeler Art

Sion's Eifeler Räucherkammer »von SER«

Eine Lachsräucherei würde man in der Eifel nicht unbedingt vermuten. Doch die Familie Sion stellt seit über 30 Jahren im kleinen Dörfchen Müsch an der Ahr unter Beweis: Mit Leidenschaft, Handwerkskunst und Liebe zum Detail kann eine weithin bekannte Spezialitätenmanufaktur entstehen.

Zum Kundenstamm zählen nicht nur Fischfachgeschäfte und Premium-Supermärkte, sondern auch die Spitzengastronomie in aller Welt. Im gut besuchten Frischfisch-Shop finden Fischliebhaber die ganze Vielfalt der selbst entwickelten Räucherkreationen. Traditionell kalt geräucherter Eifel-Rauchlachs und klassisch gebeizter Graved Lachs stehen zur Auswahl; Abenteuerlustige greifen zu den Varianten mit fruchtig-frischem Caipirinha, feurigen Gewürzen oder exotischem Wasabi-Sesam. Die frisch gefangenen Fische kommen mehrmals wöchentlich aus den kalten Fjorden Norwegens von ausgesuchten und zertifizierten Züchtern. Pasteten, hausgemachte Fischsalate, Soßen und Dips runden das Sortiment ab. Außerhalb der Öffnungszeiten kann man sich am gut bestückten »Lachsomat« selbst bedienen.

Im Restaurant S-Ecke setzt Sohn Stefan Sion erfolgreich ein pfiffiges Gastrokonzept neben der Manufaktur um. An diesem Platz dreht sich alles um leckere Fischgerichte höchster Qualität. Saisonale sowie regionale Produkte sind für den gelernten Koch selbstverständlich. Alle zwei Wochen wechselt die Speisekarte mit einem Drei-Gänge-Menü, etwa mit Cocktail von Ahrkrebsen, confiertem Kabeljaurücken sowie geeistem und gebackenem Ziegenkäse vom Vulkanhof. À la carte locken Medaillons von der Fjordforelle oder ein Rochenflügel an Champagnerkraut und Andengold. Die S-Ecke wurde sogar für das beste Fisch-Gastro-Konzept Deutschlands ausgezeichnet.

Die Burg Aremberg aus dem 12. Jahrhundert wurde 1682 von französischen Truppen zerstört. Heute erhebt sich nur noch der um 1854 erbaute Aussichtsturm aus den umliegenden Trümmern.

Restaurant Blaue Ecke
Markt 5
53518 Adenau
02691 2005

Heimat-, Zunft- und Johannitermuseum Adenau
Am Kirchplatz
53518 Adenau
02691 2773

3 Burger und Benzingespräche

Restaurant Blaue Ecke

Eines der schönsten Gebäude in der Hocheifel ist das Hotel-Restaurant Blaue Ecke am Marktplatz in Adenau. Zwar ist nicht eindeutig überliefert, ob das Eckhaus mit dem markanten Giebel Ende des 16. oder Anfang des 17. Jahrhunderts errichtet wurde. Doch die einzigartige Mischung aus alter Bausubstanz, hellen Farben, schweren Balken, dicken Holzdielen und zahlreichen Antiquitäten verleihen dem Haus einen urigen Charme.

Dieses Flair schätzen nicht nur Urlauber aus der ganzen Welt, sondern auch Einheimische, die im Restaurant gerne ihre Familienfeiern ausrichten. Schließlich ist die Blaue Ecke tief mit der Region, den Menschen, ihren Traditionen und Werten verbunden. Auch bei Motorsportfreunden vom nahe gelegenen Nürburgring ist die gemütliche Lounge mit ihren lederbezogenen Sitzecken eine beliebte Anlaufstelle für Benzingespräche. An diesem geschichtsträchtigen Ort vereinen sich Genuss und Ambiente zu einem unvergesslichen kulinarischen Boxenstopp mit mediterranen Akzenten und besten regionalen Zutaten. Beliebt sind insbesondere das gebratene Spanferkelfilet auf Steinpilzrahm ebenso wie das Eifeler Schnitzel mit Spiegelei und Bratkartoffeln.

Neben dieser gutbürgerlichen Küche sind mittlerweile die großartigen selbst gemachten Burger ein Renner in der Blauen Ecke. Davon werden acht Varianten serviert, im Sommer sogar mehr. Vom deftigen Eifelburger über den scharfen Feuerburger und den rauchigen Alpenburger bis hin zum feinen Lachsburger und dem vegetarischen Weideglückburger reicht das Angebot. Dazu passt eines der 16 Biere von der umfangreichen Getränkekarte. Im Anschluss geht es auf einen Caipirinha oder einen alkoholfreien Ipanema an die Cocktailbar.

In unmittelbarer Nähe befindet sich das Heimat-, Zunft- und Johannitermuseum, das sich mit der Historie der heimischen Handwerkszünfte und des in Adenau einst aktiven Johanniterordens beschäftigt.

Landhotel Ewerts
Ahrstraße 13
53520 Insul
02695 380 oder 1723

Nürburgring
Otto-Flimm-Straße
53520 Nürburg
0800 2083200

4 Im Herzen der Eifel

Landgasthof Ewerts

Seit 1974 betreibt die Familie Ewerts ihren Landgasthof in der Hocheifel, unweit des Nürburgrings. Als perfekte Ergänzung zum Landhotel mit 60 Betten entwickelte sich das gastronomische Angebot stetig weiter. Mit der aufwendigen Modernisierung 2015 waren eigentlich die Weichen für eine erfolgreiche Zukunft in dritter Generation gestellt. Doch die Flut 2021 machte über Nacht alles zunichte, ein teilweiser Neubau sowie die neuerliche Renovierung des Erdgeschosses waren erforderlich. »Jetzt erst recht!«, lautet nun die Devise der Familie.

Seit der Wiedereröffnung spiegelt die reichhaltige Speisekarte des samt Küche komplett frisch eingerichteten Restaurants das abwechslungsreiche Repertoire wider. Zahlreiche Variationen regionaler Köstlichkeiten sprechen alle Sinne an. Fleisch, Fisch, Geflügel und Wild, überwiegend aus der Gegend, werden mit frischen, pfiffigen Beilagen verfeinert. Sehr beliebt sind der Hirschsauerbraten oder der Tafelspitz vom Eifeler Weiderind. Auch die Forellen werden in der Nähe geangelt. Für verwöhnte Gaumen ist das Cordon Bleu vom Lachs aus Norwegen ebenso ein Genuss wie das auf dem Lavagrill zubereitete Rumpsteak vom argentinischen Black-Angus-Rind.

Am Nachmittag lässt es sich der Gast mit einem fruchtigen Eisbecher oder einem Stück selbst gebackenem Kuchen auf der Terrasse unmittelbar an der Ahr gut gehen. Im Schatten der uralten Birke kann man die Natur genießen und in einem der bequemen Strandkörbe die Seele baumeln lassen. In der urigen Biergartenhütte wird frische Pizza aus eigenem Backes angeboten; hier ist man auf Wunsch ganz unter sich. Im Sommer spielen jede Woche Musiker aus der Region auf, dazu wird der Grill angeworfen.

Bis zum Nürburgring ist es nur ein kurzer Abstecher. Die weltberühmte »Grüne Hölle« bietet neben jeder Menge Motorsport auch Kultevents wie Rock am Ring oder den schlammigen Hotfoot-Hindernislauf.

Mittleres Ahrtal

Mayschoß oberhalb des Michaelishofs

Steinerberghaus
Steinerbergstraße 1
53506 Kesseling
0176 87528891

Krausberghütte
Ausgangspunkt:
Auf der Wacht
53507 Dernau
02643 2649

5 Urige Atmosphäre mit Aussicht

Steinerberghaus

Alpine Skihüttenatmosphäre an der Ahr: Das Steinerberghaus liegt oberhalb von Kesseling auf dem 531 Meter hohen Steinerberg, einer der höchsten Erhebungen des Ahrgebirges. Hinauf führt eine schmale, an Serpentinen reiche Straße und eine Reihe von Wanderwegen. Das urige Gasthaus bietet den Besuchern eine spektakuläre Aussicht. Sie reicht vom Kesselinger Tal, einem der Nebentäler des Ahrtals, bis zum höchsten Berg der gesamten Eifel: der Hohen Acht mit 748 Metern.

Seinen Ursprung hat das Steinerberghaus in einer Schutzhütte für Wanderer, die der Bonner Eifelverein im Jahr 1911 errichtete. In den 1920er-Jahren wurde das Gebäude ausgebaut. Auf der Speisekarte steht heute Deftiges: Jausenteller, Schnitzel, Currywurst, Eintöpfe, ergänzt durch eine Kuchenauswahl. Inhaber Dirk Bräutigam legt Wert darauf, dass alles selbst gemacht ist. Gemeinsam mit seinen Mitarbeitern steht er persönlich in der Küche und packt mit an.

Im Steinerberghaus hat Bräutigam ebenfalls seine eigenen vier Wände gefunden und bietet zudem drei Zimmer für bis zu zwölf Übernachtungsgäste an. Bräutigam stammt aus Bonn und ist eigentlich gelernter Karosseriebauer, doch er hegte schon lange den Wunsch, eine eigene Skihütte zu betreiben. Mit dem Steinerberghaus hat er 2013 seinen Traum verwirklicht, obschon in einiger Entfernung zu den Alpen.

Mit seinem weitläufigen Außenbereich bietet der Landgasthof Platz für über 300 Personen. Im Innenraum stehen an großen Fenstern Tische und Stühle aus Holz, in der Nähe der Theke begrüßt ein geschnitztes Wildschwein die Gäste. Sogar die Umrisse der einstigen Schutzhütte lassen sich noch erkennen.

Eine weitere Hütte mit ebenso uriger Atmosphäre steht auf dem Krausberg, dem »Wahrzeichen des Weindorfes Dernau und des Eifelvereines«, wie die Dernauer Ortsgruppe des Eifelvereins wirbt. Vom Steinerberghaus aus lässt sich die sieben Kilometer entfernte Erhebung in etwa anderthalb bis zwei Stunden erwandern.

Restaurant Thüres
Seilbahnstraße 22
53505 Altenahr
02643 7105
Teufelsloch
Ausgangspunkt:
Altenbergerstraße
53505 Altenahr
02641 91710
THÜRES
RESTAURANT

Regionale Zutaten kommen groß raus

Restaurant Thüres

Ob beim Wein oder Wild: Im Thüres in Altenahr wird Wert auf Regionalität gelegt. Winzer Lukas Sermann hat das Speiselokal im September 2022 in den Räumen seines Weinguts in der Seilbahnstraße eröffnet – gut ein Jahr nach der verheerenden Flutkatastrophe im Ahrtal. Bei dieser wurde sein Betrieb, unterhalb steiler Felswände direkt am Fluss und unweit des Rotweinwanderwegs gelegen, stark beschädigt. Für den Neustart des Weinguts Sermann ist das Thüres ein wichtiger Baustein, ergänzt es doch vor allem mit der abendlichen Speisekarte den etablierten Gutausschank um einen gehobenen Restaurantservice.

Sermann und Küchenchef Robert Bösel überraschen die Gäste, nicht zuletzt Wanderer, immer wieder mit der modernen Zubereitung traditioneller Spezialitäten. »Für mich kommt es darauf an, unsere Region, wo ich lebe, wo ich herkomme, qualitativ auf hochwertigem Niveau darzustellen«, sagt Sermann. Die Früchte für die Gerichte stammen mitunter aus dem eigenen Garten, der Essig aus dem in der Nachbarschaft gelegenen Dorf Dernau, Wild von Jägern aus dem Tal und Fische aus einem von der Ahr gespeisten Angelteich.

Die heimischen Produkte sind also die Stars, so etwa bei der hauseigenen Neu-Interpretation des Klassikers Forelle Müllerin. Statt einfacher Zitronenscheiben wertet eine Beurre blanc, eine weiße Buttersauce aus der französischen Küche, mit einem Spritzer Zitrone den gebratenen Fisch auf. Als Beilage wird anstelle von Kartoffeln Selleriepüree für eine ausgeprägte Umaminote serviert, also für den herzhaften Geschmack. Dazu empfiehlt Sermann – natürlich – einen edlen Tropfen von den umliegenden Weinbergen.

In einem Felsen oberhalb von Altenahr klafft eine Lücke: das Teufelsloch. Es handelt es sich um ein bei Wanderern beliebtes Ziel, das einen tollen Ausblick auf den Ort und die gegenüberliegende Burg Are bietet.

Hotel-Restaurant Ruland
Brückenstraße 6
53505 Altenahr
02643 8318

Burg Are
Altenburger Straße
53505 Altenahr

7 Nonchalante Gediegenheit

Hotel-Restaurant Ruland

Gleich fünf individuelle Plätze stehen dem Gast im Restaurant Ruland im Herzen von Altenahr zur Auswahl. Neben dem Lokal laden eine Lounge, eine Bar, eine Sonnenterrasse sowie ein Wein- und Biergarten zum Genuss ein.

Geräucherte Ahr-Forelle oder geschmorte Kalbshaxe in Malzbiersauce mit Bratkartoffeln und Weißkohl stehen ebenso auf der Speisekarte wie marinierter Wildschweinrücken oder Milchkalbsleber Berliner Art. In ungestörter Zweisamkeit oder am lebhaften Familientisch verbringt man einen unvergesslichen Abend im Restaurant, während zur gleichen Zeit in den Clubsesseln am Kamin Whiskeys verkostet werden. Im Weingarten wird bei schönem Wetter gegrillt oder es werden frisch zubereitete Teigwaren der italienischen Küche serviert; nur wenige Schritte entfernt plätschert die Ahr vorbei.

Die Inhaberfamilie Carnott setzt die seit 1862 bestehende Tradition der Gastfreundschaft auf moderne und zugleich warmherzige Art fort. Stets auf der Höhe der Zeit, wurde das Speiselokal innerhalb von vier Jahren gleich zweimal komplett renoviert: einmal direkt vor der Flut und danach notgedrungen gleich noch einmal. Jetzt verströmen selbst die schweren Ledersessel und die edlen Holzvertäfelungen eine gewisse Leichtigkeit, und bei aller detailverliebten Gediegenheit des Interieurs fehlt es nie an einer augenzwinkernden Nonchalance im herzlichen Umgang mit den Gästen. Legendär sind die hochkarätigen Gourmetveranstaltungen, bei denen auch schon mal versucht wird, den Weinkeller leer zu trinken – was natürlich niemals gelingt. Erst recht nicht, seit Jacob Carnott von seinen Lehrjahren am Kaiserstuhl zurückgekehrt ist und angefangen hat, eine der spannendsten Weinkarten der Region aufzubauen.

Schon von Weitem zu sehen sind die Mauerreste der Burg Are, das Wahrzeichen von Altenahr. An der um 1100 errichteten Festung öffnet sich ein herrlicher Ausblick auf Felsmassive und Weinberge am Altenahrer Eck.

Gasthaus Assenmacher
Brückenstraße 12
53505 Altenahr
02643 1848

Sommerrodelbahn Altenahr
Rossberg 143
53505 Altenahr
02643 2321

8 Kreativ und inspirierend

Gasthaus Assenmacher

Das Erfolgsrezept von Christian Storch ist ganz einfach. »Ich koche immer das, worauf ich selbst Lust habe.« Der Chef im urgemütlichen Restaurant Assenmacher in Altenahr ist kulinarisch offen für alles und scheut sich auch nicht, seine überwiegend regionalen und traditionellen Gerichte mit ausgefallenen Zutaten zu verfeinern. Die Einflüsse kommen von Asien über Indien bis nach Afrika und aus allen Ecken des europäischen Kontinents; sie geben seinen Kreationen den besonderen Esprit. Grundzutaten von höchster Qualität und Kreativität, die nicht am Tellerrand endet, sind die besten Voraussetzungen für bewusstes Genießen und das Erfahren neuer kulinarischer Eindrücke.

Ehefrau Christa kümmert sich überaus zuvorkommend um den Service und berät ihre Gäste mit enormem Fachwissen im von Grund auf sanierten Lokal. Künstler Wolfgang Kutzner gestaltete die Wände in mediterranen Farbtönen mit farbenfroher Ornamentik und inspirierenden Sinnsprüchen. Luftige Raumteiler sorgen für eine intime Atmosphäre, große Fenster für viel Tageslicht und einen freien Blick auf die Burg Are.

Das Gasthaus Assenmacher gilt als eines der besten »Restaurants für jeden Tag« in ganz Deutschland, dank seines ausgezeichneten Preisleistungsverhältnisses, das beispielsweise beim viergängigen »Gaststubenmenü« greift. Wer Lust auf noch mehr Raffinesse hat, ist mit dem fünfgängigen »Schlemmermenü« bestens beraten. Außerdem gibt es stets eine ambitionierte Auswahl à la carte, die mediterrane Semmelknödel mit Bergkäse ebenso auflistet wie Züricher Geschnetzeltes vom Kalb oder Stubenküken und Jakobsmuscheln.

Oberhalb von Altenahr macht die Sommerrodelbahn alle glücklich, die jung sind oder es zumindest im Herzen bleiben. Mit dem Schlepplift geht es 200 Meter hinauf und dann durch sieben Kurven 550 Meter hinab ins Tal.

Weingut Deutzerhof
Deutzerwiese 2
53508 Mayschoß
02643 7264

Ahrschleife im Langfigtal
Langfigtal
53505 Altenahr

Im Dialog mit den Weinbergen

Weingut Deutzerhof

Der Deutzerhof in Mayschoß ist mit etwa sechs Hektar Anbaufläche der kleinste Winzerbetrieb der Ahr im Verband Deutscher Prädikatsweingüter (VDP). Seine Historie reicht bis ins Jahr 1574 zurück. »Ein eingespieltes Team auf einem überschaubaren Weingut ermöglicht es uns, ehrlich und authentisch zu sein«, beschreibt Betriebsleiter Hans-Jörg Lüchau die Philosophie.

2021 wurde der Deutzerhof um eine neue Vinothek erweitert, in der die Besucher die Tropfen aus dem Keller glasweise probieren oder flaschenweise mit nach Hause nehmen können. Dabei steht das Bauwerk mit seinem markanten Türmchen gestalterisch im Dialog mit den atemberaubenden Wingerten der angrenzenden Spitzenlage Mönchberg. Auf den umliegenden Wanderwegen ist der Gebäudekomplex schon aus weiter Ferne sichtbar. Der offene Innenraum rahmt die Aussicht ins Grüne. Die Idee einer Weinscheune ist in Form eines durchgehenden Daches umgesetzt, mit einem fließenden Übergang zwischen Innen- und Außenraum. Als prägendes Fassadenmaterial kam brandveredeltes Holz als ökologisches Baumaterial ohne chemische Behandlung zum Einsatz. Das erinnert an die traditionelle Herstellung von Holzfässern, die im Keller unentbehrlich sind.

Bis zu 80 Personen können an diesem stimmungsvollen Platz bei geführten Kostproben einen Einblick in die klare Stilistik des Gutes gewinnen. Auf Vorbestellung bereiten befreundete Restaurants dazu kleine Gerichte oder mehrgängige Menüs zu. Bei schönem Wetter spielt sich das Leben im großzügigen Außenbereich ab, wo Wanderer, Radfahrer und Weinfreunde in massiven Holzsitzgruppen ihre mitgebrachte Brotzeit verspeisen und dazu ein Glas leckeren Ahrrotweins genießen konnen.

Am Rande von Mayschoß beginnt die Ahrschleife mit einem Geologischen Wanderweg. An den steil aufragenden Schieferpartien lassen sich die Vorgänge aus 400 Millionen Jahren Erdgeschichte ablesen.

Winzergenossenschaft Mayschoß-Altenahr
Ahr-Rotweinstraße 42
53508 Mayschoß
02643 93600

Vinothek Altenahr
Roßberg 125
53505 Altenahr
02643 1613

Weinmanufaktur Walporzheim
Walporzheimer Straße 173
53474 Bad Neuenahr-Ahrweiler
02641 34763

Burgruine Saffenburg
Ahr-Rotweinstraße
53508 Mayschoß

10 Höhepunkt der Weinkultur

Winzergenossenschaft Mayschoß-Altenahr

Die älteste Winzergenossenschaft der Welt ist zugleich eine der erfolgreichsten. Schließlich wurde der 1868 gegründete Zusammenschluss von Weinbauern schon mehrfach zum besten in Deutschland gekürt und zudem als »Höhepunkt der Weinkultur« ausgezeichnet. Leider wurde das historische Gebäudeensemble in Mayschoß bei der Flut vollständig zerstört. An seiner Stelle soll ein hochmoderner Gebäudekomplex den Schritt in die Zukunft symbolisieren, denn nicht nur Vorstandsvorsitzender Dirk Stephan sieht im notwendigen Neubau auch eine Chance.

Während der Bauphase, die bis 2026 dauern soll, bleibt der Verkauf im Mayschoß jedoch an 360 Tagen im Jahr geöffnet. Auch in den beiden anderen Vinotheken in Altenahr und Walporzheim können sich Besucher von der herausragenden Qualität der Genossenschaftsweine überzeugen. Am Roßberg in Altenahr präsentiert sich die brandneue Vinothek direkt am Aufgang zum Rotweinwanderweg als »Raum der Begegnung und der gemeinsamen Erlebnisse«. Frisch, modern und zugleich mit einem Hauch von Tradition ist hier ein passender Ersatz für die von der Flut ebenfalls zerstörte Verkaufsstelle am Tunnel entstanden. Die Rebensäfte bleiben trotz ihrer hohen Qualität stets erschwinglich.

Auch ein alkoholfreier Sekt steht mittlerweile im Angebot, nachdem immer mehr Menschen danach verlangt hatten. Überhaupt werden in den drei Vinotheken häufig geäußerte Kundenwünsche gerne erfüllt, denn neben Traubensäften werden auch Liköre und Brände, Trauben- und Weingelees sowie regionale Produkte wie Essig, Monschauer Senf und Ahrtaler Honig verkauft. Sogar die spanische Partnergemeinde von Mayschoß, Sant Jordi, ist mit ihren Olivenölspezialitäten vertreten.

Die Ruine Saffenburg ist das Wahrzeichen von Mayschoß. Dort wartet nicht nur ein perfekter Ausblick über die Rebenhänge entlang der Ahr, sondern auch ein Weinautomat auf Wanderer.

Altenahr mit Burg Are

Jagdhaus Rech
Bärenbachstraße 35
53506 Rech
02643 84 84

Bildstock ***Flucht nach Ägypten***
Ausgangspunkt:
An der Bundesstraße
53508 Mayschoß

11 Wildspezialitäten für Zuhause

Jagdhaus Rech

Das Restaurant im Jagdhaus in Rech war an der Ahr die erste Adresse für Wildgerichte. Dann kam im Juli 2021 die Flut – und mit ihr Zerstörung. Seitdem ist das Lokal bis aufs Weitere geschlossen. »Der Wiederaufbau unseres Zuhauses hat viel Kraft gekostet. Unsere Familie braucht nun Zeit für sich, um das Geschehene annähernd verarbeiten zu können«, erklären die Betreiber Markus und Marina Bitzen. Ein »Opening« schafften sie bislang noch nicht. Doch es gibt auch gute Nachrichten. Sowohl das Hotel (mit Frühstücksangebot) als auch der Hofladen des Jagdhauses sind wieder geöffnet. Zu Letzterem gehört ein Online-Shop, sodass sich die Spezialitäten auch bequem übers Internet bestellen lassen.

Die Tiere, von denen das Fleisch stammt, hat Markus Bitzen zum Teil selbst erlegt. Der Rest stammt von befreundeten Jägern. Sie liefern vor allem Rot- und Schwarzwild, das im Ahrtal besonders verbreitet ist. Auf Regionalität legt Bitzen großen Wert. Der Vielfalt tut das aber keinen Abbruch: Kaninchen, Hase, Reh, Wildschwein, Rothirsch und Mufflon stehen allesamt im Angebot. Und zwar in den verschiedensten Formen: als Braten, Gulasch, Steak, Keule, Hackfleisch und Aufschnitt. Dazu kommen erlesene Leckerbissen wie Wild-Preiselbeeren-Senf und eine mit Spätburgunder von der Ahr verfeinerte Wildsoße.

Auch am Herd steht Bitzen weiterhin. Gerichte wie Hirschbraten bereitet er samt Beilagen so zu beziehungsweise vor, dass die Kunden sie zu Hause im Wesentlichen nur noch erhitzen müssen. Inzwischen betreibt er sogar einen eigenen YouTube-Kanal, auf dem er seine Kniffe im Umgang mit Wild verrät.

Vom Jagdhaus 40 Gehminuten südwestlich befindet sich der 1761 errichtete Bildstock *Flucht nach Ägypten*. Auf einem alten Pilgerpfad gelegen, zeigt er die biblische Geschichte, nach der er benannt ist.

Jean Stodden – das Rotweingut
Rotweinstraße 7–9
53506 Rech
02643 3001

Weinhaus St. Nepomuk
Rotweinstraße 5
53506 Rech
02643 8582

12 Zwischen Gabionen und Barriquefass

Rotweingut Jean Stodden

Eines der ältesten Weingüter an der Ahr gehört zugleich zu den zukunftsorientiertesten. Seit 1578 ist die Familie Stodden als Winzer aktiv und bemüht sich seit Jahrzehnten um eine ganzheitliche Nachhaltigkeit. »Im Einklang mit der Natur alles tun, um Wein zur Vollendung zu bringen«, lautet ihre Philosophie.

Lese von Hand und strenge Sortierung im Wingert und im Kelterhaus sind genauso selbstverständlich wie die schonende Verarbeitung der Trauben. Kein Wunder, dass sich die Kritiker mit Superlativen überbieten, wenn sie die edlen Tropfen verkosten. Schließlich kitzelt Alexander Stodden aus den teils über 100 Jahre alten Rebstöcken Terroir und Finesse in Vollkommenheit heraus. Der Hang zur Perfektion schlägt sich auch in den zwei repräsentativen Vinotheken nieder. Diese zeigen sich in völlig unterschiedlichen Stilen, doch zugleich gelingt ein leichtfüßiger Balanceakt zwischen Traditionsbewusstsein und Aufgeschlossenheit. Während die eine mit Grauwacke und Eiche den Gast mit in den Weinberg nimmt, erstrahlt die andere in Schwarz und Rot mit modernen Verbundwerkstoffen.

In beiden Räumen lassen sich sämtliche Produkte des zur Weltspitze zählenden Gutes probieren. Für größere Gruppen steht darüber hinaus ein von Gabionenwänden und Barriquefässern eingerahmter stimmungsvoller Eventraum bereit. Selbstverständlich moderiert ein Mitglied der Familie persönlich die Probe und gewährt interessante Einblicke in die Entstehung der hochdekorierten Spätburgunder. Begleitende Speisen vom einfachen Winzervesper bis zur Zwei-Sterne-Küche von befreundeten Gastronomen können dazu vorbestellt werden.

Gleich nebenan serviert das Restaurant des Weinhauses St. Nepomuk regionale Hausmannskost mit Raffinesse und dazu Kuchen aus der eigenen Backstube.

Weingut O. Schell
Rotweinstraße 33
53506 Rech
02643 8387

Weingut Max Schell
Rotweinstraße 41
53506 Rech
02643 3580

13 Burgunder in allen Variationen

Weingut O. Schell

Hundert Jahre alt ist das Weingut O. Schell im Jahr 2021 geworden. Doch die Corona-Pandemie und die Juli-Flut verhinderten, dass die Winzerfamilie, deren Ursprünge sich bis ins 17. Jahrhundert verfolgen lassen, das Jubiläum angemessen feiern konnte. Fast zwei Jahre sollte es bis zur Wiedereröffnung der Vinothek dauern. Seitdem aber geht es bergauf. Bester Beweis dafür ist der Deutsche Rotweinpreis, den der Winzerhof 2023 gleich in mehreren Kategorien zugesprochen bekam.

Für Oliver Schell, der den Betrieb mit angeschlossener Straußwirtschaft in vierter Generation leitet, ist der Spätburgunder die »Königin der Rotweinsorten«. Die an der Ahr am weitesten verbreitete Rebsorte besticht ihm zufolge durch Vielseitigkeit. »Wir können sieben, acht, neun verschiedene Weine daraus machen. Die schmecken völlig unterschiedlich. Das ist für uns ein Riesenvorteil.« Nicht nur unterschiedliche Rotweine entstehen daraus, sondern auch Rosé und Blanc de Noir, aus roten Trauben gekelterter weißer Wein. Auch aus dem roten Frühburgunder macht Schell Blanc de Noir, was im Ahrtal eine Seltenheit sei. Beim klassischen Weißwein bleibt er ebenfalls dem Burgunder treu. Er setzt auf – es lässt sich erahnen – Weißburgunder.

Welcher Tropfen am Ende im Glas landet, hängt nicht nur von den Trauben ab, sondern auch von den Lagen, in denen sie reifen. Auch in diesem Punkt ist das Gut äußerst vielseitig aufgestellt. Oliver Schell bewirtschaftet Flächen von Mayschoß bis Bad Neuenahr. Während an der Mittelahr Schieferböden vorherrschen, werden sie flussabwärts von Lösslehm und Grauwacke abgelöst. Durch die unterschiedliche Mineralität der Erde, entsteht ein »ganz anderer Wein«, betont Schell.

In der Nachbarschaft von O. Schell steht das ebenfalls preisgekrönte Weingut Max Schell. Inhaber ist heute jedoch kein Schell mehr, sondern Winzermeister Wolfgang Schulze-Icking.

Weingut Erwin Riske
Wingertstraße 28
53507 Dernau
02643 8406

Essigmanufaktur Acetovit
Hardtbergstraße 2
53507 Dernau
0151 56034994

14 Winzer mit Außenposten am Rhein

Weingut Erwin Riske

»Wingert« lautet eine mundartliche Bezeichnung für einen Weinberg. So deutet der Name der Dernauer Wingertstraße auf die Berufung der Anwohner hin. Zu denen gehören die Inhaber des Weinguts Erwin Riske. Der Urenkel des Gründers, Volker Riske, führt das Familienunternehmen heute in vierter Generation – und mit seinem Sohn Jan Riske steht schon die fünfte Generation in den Startlöchern.

Der Junior trägt bereits die Verantwortung für Außenbetrieb und Kellerwirtschaft. An das Gut mit seinem Hofverkauf angeschlossen ist eine kleine Straußwirtschaft, die Brotzeiten, Flammkuchen und andere Vesper anbietet. Ebenso verfügt der Winzerhof über ein halbes Dutzend Ferienwohnungen, die oftmals Wanderer beherbergen, die auf dem nahe gelegenen Rotweinwanderweg unterwegs sind. Aufgrund massiver Schäden durch die Flut im Juli 2021 – die Wassermassen zerstörten große Teile der Kellerei samt der dortigen Gerätschaften – musste der Betrieb fast ein Jahr lang seine Pforten schließen. Erst Ende April 2022 öffnete die Straußwirtschaft wieder für Besucher.

Bei seinen Erzeugnissen konzentriert sich der Betrieb auf den Spätburgunder, für den das Anbaugebiet an der Ahr berühmt ist. Doch seit einigen Jahren nennt Riske auch Rebflächen in Rheinbrohl am Mittelrhein sein Eigen. Dort kultiviert die Winzerfamilie gezielt Weißweinsorten. Auf die Idee haben Volker Riske seine Gäste gebracht, denen nach einer Wanderung der Sinn danach stand, und die Vorräte nicht ausreichten. So erntet Riske nun am Rhein Sorten wie Riesling und Rivaner und bringt sie anschließend ins Ahrtal, um sie zu verarbeiten. Und inzwischen sind die Trauben vom Mittelrhein an der Ahr etabliert.

Nordöstlich vom Weingut befindet sich in der Hardtbergstraße die Essigmanufaktur Acetovit. Gerd Schüller stellt dort Essig aus Obst und Reis her. Nachdem es lange nur einen Online-Shop gab, öffnete ein Hofladen im Frühjahr 2024 seine Pforten.

Restaurant
Hofgarten Dernau
Bachstraße 26
53507 Dernau
02643 1540

Aussichtspunkt
Schönste Weinsicht der Ahr
Rastplatz an der Kreisstraße 34
Richtung Grafschaft-Esch
53507 Dernau

15 Kulinarische Oase mit Schiebedach

Hofgarten Dernau

Eines der besten Weingüter Deutschlands braucht auch einen erstklassigen Gutsausschank. Ein leuchtendes Beispiel hierfür ist der Hofgarten in Dernau. Direkt gegenüber der Kirche des Winzerdorfes führt Hartwig Näkel, Bruder des »Rotweinpapstes« Werner Näkel vom Weingut Meyer-Näkel, dieses urige Weinrestaurant in sechster Generation. Ausgeschenkt werden preiswerte und edle Tropfen sämtlicher Ahrwinzer im Verband Deutscher Prädikatsweingüter (VDP) sowie hochkarätige Erzeugnisse aus allen deutschen Anbaugebieten. Das Sortiment umfasst 30 offene Weine sowie jede Menge Flaschen in allen Preislagen.

Dank einer hervorragenden, regional ausgerichteten Küche hat sich der Hofgarten zu einem der beliebtesten Speiserestaurants im Ahrtal entwickelt. Von der Eifeler Brotzeit über Wildschweinschinken mit Zwiebelconfit bis zum Stielkotelette mit Bratkartoffeln und Salat steht für jeden Hunger und für jeden Geldbeutel das Passende im Angebot. Dieses wird immer von einer aktuellen Wochenkarte ergänzt und selbstverständlich um saisonale Spezialitäten erweitert. Im Herbst etwa werden einheimische Wildspezialitäten wie Hirschgulasch oder Wildschweinfrikadelle serviert. Die Zutaten kommen, soweit es geht, aus der Umgebung.

Allein der Innenhof mit seinem mediterranen Ambiente lässt die Gäste den Alltag vergessen und in eine Oase der kulinarischen Erholung eintauchen. Die stimmungsvolle Kulisse können sie bei jedem Wetter genießen, denn ein elektrisches Schiebedach aus Glas sorgt auch bei plötzlichem Regenfall dafür, dass man im Trockenen sitzt.

Oberhalb von Dernau gewährt der Aussichtspunkt *Schönste Weinsicht der Ahr* einen einmaligen Blick ins Ahrtal mit seinen Rebenhängen und dem Rotweinwanderweg.

Weingut Kloster Marienthal
Klosterstraße 3–5
53507 Marienthal
02641 98060

Marienthaler Atelier
Klosterstraße 3–5
53507 Marienthal
0151 23098340

16 Wo einst Ritter und Nonnen lebten

Weingut Kloster Marienthal

Im ehemaligen Kloster Marienthal ist ein wahres Kleinod entstanden. Inmitten von Weinbergen sitzen die Gäste in der historischen Kulisse der ältesten Abtei an der Ahr, deren Wurzeln bis in das Jahr 1141 zurückreichen. Noch heute stehen die eindrucksvoll verwitterten Außenmauern der Kirche, die regelmäßig als stimmungsvoller Schauplatz für Konzerte und Kulturveranstaltungen dienen.

Im teils 900 Jahre alten Gewölbekeller mit Hunderten gut gefüllten Weinfässern haben schon die Minister der führenden Industrienationen beim G9-Gipfel festlich diniert. Pächter Franz-Josef Appel greift sowohl in der Vinothek als auch im Restaurant auf eine beeindruckende Anzahl an Weinen zurück. Schließlich müssen Küche und Getränkeauswahl dem atemberaubenden Eindruck dieser Bilderbuchidylle standhalten. Im geschichtsträchtigen Gewölbekeller beginnen auch die Weinproben. Dabei erfährt der Feinschmecker Interessantes und Amüsantes aus der wechselhaften Klostergeschichte. Wann besuchten die ersten Schweden das Kloster, und was wollte Napoleon an diesem Ort? Gab es eine Verbindung zum ehemaligen Regierungsbunker, der nur einen Steinwurf entfernt ist? Der Höhepunkt ist stets eine Verkostung direkt aus dem Fass.

Im Kreuzgang mit seinen beeindruckenden Bodenplatten aus portugiesischem Schiefer, unter denen sich noch eine uralte Grablege von Rittern und Nonnen befindet, sowie im gemütlichen Restaurant werden hauptsächlich Flammkuchen serviert. Sie werden stets frisch nach einem alten Hausrezept zubereitet und je nach Saison belegt, etwa mit Wildschweinschinken oder mit Pfifferlingen.

Eine kleine Künstlergruppe hat ein Atelier im ehemaligen Klostergebäude eingerichtet. Nach telefonischer Voranmeldung kann man dort miterleben, wie ein Kunstwerk entsteht.

Edelobstbrennerei Kießling
Schönbergstraße
53501 Grafschaft-Esch
02641 34446

Lourdes-Grotte im Efferzbusch
Ausgangspunkt:
Oberescher Weg
53501 Grafschaft-Esch

17 Hochprozentig und preisgekrönt

Edelobstbrennerei Kießling

Das Grunzen der Schweine ist längst verstummt. Dafür stehen Apfelbäume in Reih und Glied, so weit das Auge reicht. Anfang der 1970er-Jahre verwandelte Michael Kießling seinen Mastbetrieb oberhalb des Ahrtals in Grafschaft-Esch in einen Obsthof. Nach etwa 30 weiteren Jahren, kurz vor der Jahrtausendwende, gründete er zudem eine Brennerei. »Als zweites Standbein«, wie Sohn Frank Kießling erzählt. Der Gärtnermeister führt heute sowohl den Hof als auch die Edelobstbrennerei Kießling.

Ein Zehntel der angebauten Früchte – neben Äpfeln unter anderem Birnen und Zwetschgen – gelangt nicht sofort in den Verkauf, sondern wird zu Bränden verarbeitet. Dazu gärt das Obst zunächst in Edelstahltanks. Wenn die Umwandlung des Fruchtzuckers in Alkohol abgeschlossen ist, füllt Kießling die entstandene Maische in die Brennblase um, wo diese destilliert wird. Kießling benötigt für die Obstbrände somit keinen zusätzlichen, von außen zugeführten Alkohol. Diesen verwendet er lediglich bei der sogenannten Vergeistung von Früchten, die nicht über genug Zucker zum Umwandeln verfügen.

Die meisten Früchte, die Kießling für seine Spirituosen verwendet, baut er auf seinem Hof selbst an. Dazu kommen beispielsweise Mirabellen aus Frankreich und Birnen vom Bodensee und aus dem Markgräflerland. Doch ganz gleich, woher das Obst stammt, die Qualität ist für Frank Kießling entscheidend. »Wir brauchen Früchte, die optimal reif sind«, betont er. Für das hohe Niveau sprechen zahlreiche Preise, die die Brennerei gewonnen hat. Wer sich selbst von der Güte der hochprozentigen Produkte überzeugen will, kann sie im Hofladen kosten. Die Probierstube bietet Platz für 20 Personen.

Etwa 20 Gehminuten östlich vom Obsthof entfernt befindet sich die Lourdes-Grotte im Efferzbusch. Besucher können dort die gut anderthalb Meter große Statue der Gottesmutter bewundern, die in einer Nische aus Lavagestein steht.

Rotweinwanderweg im Mittleren Ahrtal

Hofladen Schopphof
Weststraße 20
53501 Grafschaft-Esch
02641 35759

Panorama-Sauna
Panoramaweg 2
53501 Grafschaft-Holzweiler
02641 97030

18 Der Bauernhof als Lernort

Schopphof

Das Motto des Schopphofs lautet: »Qualität aus der Region, für die Region und darüber hinaus.« Landwirtschaftsmeister Alfred Schopp ist stolz darauf, dass sein 150 Hektar großer Mischbetrieb, auf dem 2.400 Hühner und etwa 150 Mutterkühe gehalten werden, wegen seiner umweltschonenden Bewirtschaftung und tiergerechten Haltung auf Grünland anerkannt ist. »Wir vermarkten unsere Produkte fast ausschließlich direkt, weswegen wir besonders großen Wert auf Qualität legen.«

Im kleinen Hofladen in Esch werden Kartoffeln, Äpfel, Birnen, Kürbisse aus eigenem Anbau sowie Eier und Rindfleisch aus eigener Zucht und Schlachtung verkauft. Erdbeeren, Honig, Apfel- und Birnen-Quittensaft sowie Eierweinbrand sind ebenfalls erhältlich. Und das sogar rund um die Uhr, denn vor dem Hofladen steht eine Auswahl an Produkten zur Selbstbedienung bereit. Schon seit einigen Jahren wird das Sortiment ebenfalls in einer Filiale in Dernau angeboten.

Neben dem landwirtschaftlichen Alltag engagiert sich die Familie stark dafür, Kinder an das Leben auf dem Bauernhof heranzuführen. Schon seit vielen Jahren werden Drittklässler aus der Umgebung zu einem »Tag auf dem Kartoffelfeld« eingeladen, bei dem sie eigenhändig die edle Knolle aus der Erde herausholen und am Abend auf dem offenen Feuer schmackhaft zubereiten dürfen. Außerdem nimmt der Schopphof am Modellprojekt »Lernort Bauernhof« des Landes Rheinland-Pfalz teil. Dafür hat Tochter Anja sogar eine Ausbildung zur Bauernhofpädagogin absolviert. Schließlich soll an diesem Platz der Dialog zwischen Schülern und bäuerlichen Betrieben im Land gefördert werden, und der Nachwuchs lernt spielerisch den Wert der Lebensmittel kennen und die heimischen Produkte wertschätzen.

Im Nachbarort Holzweiler bietet die Panorama-Sauna in dritter Generation ihren Gästen auf 30.000 Quadratmetern alle Annehmlichkeiten.

Obsthof und Safterei Sonntag
Am Burggraben 3
53501 Grafschaft-Gelsdorf
02225 701799

Bio-Obsthof Johannes Nachtwey
Bonner Straße 100
53501 Grafschaft-Gelsdorf
02225 2446

19 Äpfel selbst pflücken

Obsthof Sonntag

Süße, saftige, knackige Äpfel direkt vom Baum abbrechen und herzhaft hineinbeißen – auf dem Obsthof Sonntag in Gelsdorf ist das erlaubt. Zumindest an bestimmten Tagen im September, wenn ganze Familien vom Opa bis zur Enkelin auf den Plantagen ausschwärmen. Dann ist Selbstpflücken angesagt. Zu allen anderen Zeiten sind die Erzeugnisse des Obsthof im Hofladen und rund um die Uhr im gut gekühlten Verkaufsautomaten erhältlich. Ergänzt wird das Angebot durch weitere regionale Produkte wie Wurstkonserven und Nudeln, Wein und Honig, Kartoffeln und sogar Kaffee aus der Grafschafter Kaffeerösterei.

Gärtnermeister Dirk Sonntag leitet den Familienbetrieb mit seiner Frau Petra, unterstützt von seinen Eltern Konstantin und Beate. Das Obst wird nach kontrolliert integrierten Richtlinien angebaut, und in den Plantagen wird alles getan, um die Natur zu unterstützen, damit sie sich selbst helfen kann. Dazu gehört das Aufstellen von Falkennistkästen und Sitzstangen für Raubvögel ebenso wie das Aufschichten von Steinhaufen, in denen Wiesel Unterschlupf finden. In den Strohbündeln verkriechen sich Ohrwürmer, außerdem bietet eine Blühwiese Nahrung für Bienen und andere Insekten.

Auf dem 15 Hektar großen Hof werden 18 verschiedene Apfelsorten, drei Birnensorten, zwei Erdbeersorten sowie Sauerkirschen, Pflaumen, Zwetschgen, Mirabellen, Reineclauden und Kürbisse produziert. Außerdem ist der Hof der Familie Sonntag einer der wenigen im Rheinland, die Aprikosen anbaut. In der kleinen Safterei werden aus den Sorten Elstar und Berlepsch naturtrübe, sortenreine Apfelsäfte gepresst. Wer mindestens 300 Kilo Äpfel vorbeibringt, kann seinen eigenen Apfelsaft mit nach Hause nehmen.

Einen kurzen Spaziergang entfernt ist die Agri-Photovoltaikanlage des Obsthof Nachtwey zu besichtigen, bei der der Sonnenschutz zugleich Sonnenstrom erzeugt.

HARIBO Lagerverkauf Grafschaft
Joseph-von-Fraunhofer-Straße 33
53501 Grafschaft-Ringen
02641 3002800

Feldkapelle
Doktor-Hans-und-Paul-Riegel-Straße
53501 Grafschaft-Ringen

20 Der Goldbär ist der Star

Haribo-Werksverkauf

Der Goldbär von Haribo hat in fast jedem Winkel der Erde Fans. Kein Wunder, sind doch die Fruchtgummi- und Lakritzprodukte des Weltmarktführers mittlerweile in mehr als 120 Ländern erhältlich. Seit 2018 befindet sich der imposante Hauptsitz des 1920 in Bonn gegründeten Unternehmens im Innovationspark Rheinland in der Grafschaft. In fußläufiger Entfernung liegt ein Werksverkauf, in dem nicht nur Liebhaber der Gummibärchen auf ihre Kosten kommen.

Auf 80 Quadratmetern Verkaufsfläche wird im Grunde alles angeboten, was von den derzeit 7.000 Mitarbeitern an 16 Standorten in zehn Ländern hergestellt wird. Mehr als 600 Artikel – vom grünen Quaxi-Frosch über den blauen Schlumpf bis zum gelben Schaumzuckerelefanten – zählen zum Sortiment von Filialleiter Werner Nechterchen. Schleckermäulchen finden neben ihren persönlichen Lieblingsprodukten alle Haribo-Neuheiten und können saure Raupies oder gelbe Riesenpommes entdecken. An der Candy Bar, an der Besucher ihre Auswahl individuell zusammenstellen können, wird gerne eine Tüte mit Goldbären in einer einzigen Farbe gefüllt, weiß Nechterchen zu berichten. Überaus begehrt sind auch die Bruchware-Pakete oder die Überraschungskisten zu günstigen Preisen.

Wer das Unbekannte liebt, greift zu Erzeugnissen aus anderen Ländern, die normalerweise in Deutschland nicht zu kaufen sind, etwa die salzigen Lakritztaler aus Dänemark oder französische Minzbonbons. Das komplette Sortiment von Maoam, das ebenfalls zum Haribo-Konzern gehört, rundet das süße Programm ab. Wer ein Mitbringsel sucht, findet eine umfangreiche Auswahl an Fanartikeln, vom Plüsch-Goldbären in verschiedenen Größen über Tassen, Kalender und Blechdosen bis hin zu Activity-Spielen und Backformen.

Gleich hinter dem Haribo-Firmengelände steht eine kleine Kapelle, die nach ihrem Originalzustand aus dem Jahre 1856 mit den Materialien und der Handwerkskunst von damals wiederhergestellt wurde.

Eifel-Destillerie P. J. Schütz
Schmittstraße 3
53501 Grafschaft-Lantershofen
02641 94920

Maubisch-Pass
Ausgangspunkt:
Zum Ahrweiler Berg
53501 Grafschaft-Lantershofen

21 Das Geheimnis um die 42 Kräuter

Eifel-Destillerie P. J. Schütz

Der Ursprung des Gutshofs mit dem großen Torbogen in Grafschaft-Lantershofen reicht bis ins 18. Jahrhundert. Hochprozentiges stellen seine Bewohner seit dem frühen 20. Jahrhundert her. Der Gründer der Eifel-Destillerie P. J. Schütz, Peter-Josef Schütz senior, erhielt im Jahr 1925 die Genehmigung zum Brennen von Korn. Seitdem erhielt die Eifel-Destillerie für ihre Erzeugnisse zahlreiche, teils internationale Auszeichnungen.

Bekannt ist der Betrieb für seinen Eifelgeist, der auch im angeschlossenen Hofladen erhältlich ist. Das Rezept ist über all die Jahre unverändert geblieben: 42 Kräuter aus aller Welt sind enthalten, darunter südostasiatischer Ingwer, Melisse, Lavendel und Faulbaumrinde. Eindeutig herausschmecken lassen sich die einzelnen Kräuter nicht, vielmehr zeichnet die harmonische Gesamtkomposition den Eifelgeist aus.

In ihrem Sortiment führt die Brennerei darüber hinaus weitere Kräuterspirituosen wie das noch mildere Eifelgold, verschiedene Fruchtliköre und nicht zuletzt Gin. Letzterer hat sich in den vergangenen Jahren zum absoluten Trendgetränk entwickelt. Das hat die Lantershofener Destillerie schnell erkannt und stellt den Wacholderschnaps nicht nur für die eigene Vermarktung her, sondern produziert unter anderem auch den besonders im Rheinland populären Siegfried Gin.

Das Unternehmen führt mittlerweile Peter-Josef Schütz junior in der dritten Generation. Mit dessen Sohn Johannes ist bereits die vierte Generation im Familienbetrieb vertreten. Besichtigungen samt Proben sind nach vorheriger Anmeldung möglich.

Der Maubisch-Pass ist nach dem Lantershofener Maubischkuchen benannt und verbindet den Ort mit Ahrweiler. Wanderer kommen auf dieser Route an malerischen Weinbergen vorbei sowie an einem Wegkreuz aus dem späten 17. Jahrhundert.

Unteres Ahrtal

Felsformation Kaiserstuhl
und Aussichtspunkt Bunte Kuh

Wiesenwirtschaft Weingut Paul Schumacher
(Juli bis Oktober)
Am Trotzenberg
53474 Bad Neuenahr-Ahrweiler
Koordinaten: 50.5364622, 7.0633621
0177 7534225

Aussichtspunkt Fischley
Ausgangspunkt: Im Teufenbach
53474 Bad Neuenahr

22 Genuss mitten in der Natur

Wiesenwirtschaft des Weinguts Paul Schumacher

»Wir werden diese schreckliche Nacht nie vergessen«, sagen die Schumachers aus Marienthal. Gemeint ist die Nacht vom 14. auf den 15. Juli 2021, in der die Flutwelle sich ihren Weg durchs Ahrtal bahnte. Die Familie mussten sich damals aufs Dach retten. Die Wassermassen zerstörten ihre Wohnung und fügten auch ihrem Weingut Paul Schumacher stärkste Schäden zu.

Wo der Winzerbetrieb künftig seinen Sitz haben wird, ist ungewiss. An den alten Standort in der Marienthaler Straße will die Winzerfamilie nicht zurückkehren, wie die Ehefrau des Inhabers, Anne Schumacher, deutlich macht. Geplant ist ein Umzug auf eine oben am Trotzenberg gelegene Fläche, die zu Walporzheim gehört. Dort haben die Schumachers trotz fehlender Infrastruktur bereits eine Wiesenwirtschaft mitten in der Natur etabliert, die von Anfang Juli bis Ende Oktober geöffnet ist.

Bänke, bunte Tische, Liegestühle und vor allem die spektakuläre Aussicht auf die Weinberge laden zum Verweilen ein. Auf der Speisekarte stehen raffinierte Kleinigkeiten wie Burrata in gekühlter Kirschtomaten-Essenz und Wildbratwurst auf Whiskey-Barbecue-Sauce. Begleitet werden die Gerichte von den edlen Tropfen der Winzerfamilie.

Der Betrieb gehört im Ahrtal zu den kleineren Weingütern. Rund fünf Hektar bewirtschaften die Schumachers. Dafür befinden sich die Flächen in besten Lagen, abgesehen vom Trotzenberg beispielsweise auf dem Ahrweiler Silberberg. Rebsorten, die angebaut werden, sind der an der Ahr dominierende Spätburgunder, Frühburgunder und Merlot – klassische Rotweinreben. Sie machen zusammen 85 Prozent des Gesamtsortiments aus. Der Rest ist Riesling. Ihre Produkte vertreiben die Schumachers unter anderem über ihren eigenen Online-Shop.

Südöstlich der Wiesenwirtschaft befindet sich in etwa 700 Metern Entfernung der Aussichtspunkt Fischley. Von dort lässt sich Dernau, das größte Weindorf an der Ahr, aus der Vogelperspektive betrachten.

Weinhaus Bunte Kuh
Marienthaler Straße 60
53474 Bad Neuenahr-Ahrweiler (Walporzheim)
02641 34606

Aussichtspunkt Bunte Kuh
Ausgangspunkt: Am Silberberg

Schutzhütte Bunte Kuh
Marienthaler Straße 21
53474 Bad Neuenahr-Ahrweiler (Walporzheim)

23 Chalet an markanter Felsnase

Weinhaus Bunte Kuh

Legenden und Sagen ranken sich um diesen Ort. Dabei reicht die Geschichte der Felsnase Bunte Kuh in Walporzheim gar nicht so weit in die Vergangenheit zurück. Ihre Entstehung ist vielmehr ein Nebenprodukt des modernen menschlichen Strebens nach Fortschritt. Die markante Gesteinsformation entstand im 19. Jahrhundert bei einer Sprengung im Zuge von Arbeiten für den Straßenbau. Nichtsdestoweniger handelt es sich bei der Bunten Kuh heute um das Wahrzeichen des Ahrtals – und ein Naturdenkmal.

Ganz in der Nähe steht seit Anfang des 20. Jahrhunderts ein Gasthaus im Stil eines schweizerischen Chalets. Auf der Karte stehen Speisen der deutschen Küche mit Schnitzeln und Sauerbraten und durchgehend Wildgerichte. Saisonal kommen Spargel- und Pilzvariationen dazu. Eine umfangreiche Weinkarte ergänzt das Angebot, ausschließlich mit Tropfen aus dem Ahrtal. Besonders deftig geht es bei den Schlachtfesten zu, die die Betreiber mehrmals pro Jahr für ihre Gäste auf die Beine stellen.

Seit 1939 befindet sich das Gasthaus im Besitz der Familie der einstigen Walporzheimer Weinkönigin Birgit Krämer, die es gemeinsam mit ihrem Ehemann Alexander führt und an den Sohn übergibt. Bei der Flutkatastrophe im Juli 2021 war das Gebäude stark beschädigt worden, sodass die Krämers den Betrieb erst zwei Jahre später im neu gestalteten Restaurant wieder aufnehmen konnten. Heute bietet das Lokal innen und außen Platz für jeweils 70 Gäste. Das Geschäft läuft heute wieder gut, dank der vielen Stammgäste und der Anziehungskraft der gleichnamigen Felsnase. Sogar Motorradfahrer aus dem Ausland lockt die Bunte Kuh an.

Der Rotweinwanderweg und der Medizinische Kurwanderweg führen hinauf zum Aussichtspunkt Bunte Kuh. Dort warten neben einem malerischen Panorama mit Rebenhängen und Felsschluchten auch eine Schutzhütte und ein Grillplatz.

Försters Weinterrassen
Im Teufenbach 65
53474 Bad Neuenahr-Ahrweiler (Walporzheim)
20641 2079315

Rotweinwanderweg Sechste Etappe
Ausgangspunkt:
Im Teufenbach 65
53474 Bad Neuenahr-Ahrweiler (Walporzheim)

24 Im Stil Gaudís und Manriques

Försters Weinterrassen

Barcelona, Lanzarote, Wien, Walporzheim – wer glaubt, dass das kleine Winzerdorf nicht in die Aufzählung bekannter Städte passt, der zieht voreilige Schlüsse. Schließlich geht es um außergewöhnliche Architektur, und die hat die Walporzheimer Gaststätte Försters Weinterrassen auf dem Rotweinwanderweg definitiv zu bieten. Statt rechter Winkel dominieren geschwungene Linien, die im Einklang mit der Natur stehen sollen. Gehalten ist das Gebäude in gedeckten Erdtönen, ergänzt von stilisierten Pflanzen in bunten Farben.

Der Bau, der an der Stelle des einstigen Aussiedlerhofs des Weinguts Försterhof steht, wurde von dem berühmten spanischen Architekten Antoni Gaudí inspiriert, der die Sagrada Família in Barcelona schuf, und vom Bildhauer César Manrique, der vor allem auf Lanzarote wirkte. Auch Einflüsse des Wiener Künstlers Friedensreich Hundertwasser sind zu erkennen. Die Umwandlung des Hauses nahm im Jahr 1999 der Architekt Udo Heimersheim vor. Neben den natürlichen Formen stellte er sicher, dass die Besucher der Gaststätte eine außergewöhnliche Fernsicht genießen können. Der Blick schweift nicht nur über die Rebenhänge des Ahrtals, sondern reicht bis tief in die Eifel.

Nicht zuletzt kommen die Gäste kulinarisch voll auf ihre Kosten. Ahrforelle, Flammkuchen, Schnitzel und deftige Brotzeiten stärken die vorbeiziehenden Wanderer für die nächste Etappe. Saisonal stehen zudem Wildgerichte auf der Karte. Ergänzt werden die Speisen am besten von einem der edlen Tropfen des Weinguts Försterhof. Wer sich mit einem Vorrat eindecken will, wird in der hauseigenen Vinothek fündig.

Der Rotweinwanderweg liegt direkt vor der Haustür. Er führt insgesamt rund 35 Kilometer von Altenahr nach Bad Bodendorf. An Försters Weinterrassen bietet sich die sechste Etappe an, die die 3,4 Kilometer von Walporzheim nach Ahrweiler umfasst.

Altenwegshof
Im Teufenbach 100
53474 Bad Neuenahr-Ahrweiler (Walporzheim)
02641 34753

Dokumentationsstätte Regierungsbunker
Am Silberberg 0
53474 Bad Neuenahr-Ahrweiler
02641 9117053

25 Idylle unter Lindenbäumen

Ausflugslokal Altenwegshof

Wer eine ländliche Idylle inmitten der Weinberge des Ahrtals zum Entspannen sucht, ist im Altenwegshof genau richtig. In seinem malerischen Innenhof bilden sieben mächtige, über 120 Jahre alte Linden ein undurchdringliches Blätterdach, das nicht nur vor der Sommerhitze, sondern bis zu einem gewissen Grad auch vor einem leichten Regenschauer schützt. Das weithin bekannten Ausflugslokal liegt direkt am Rotweinwanderweg, umgeben von der erstklassigen Lage Marienthaler Rosenberg, und wird daher gerne von Gästen besucht, die das Ahrgebirge zu Fuß erkunden.

Die alten Gemäuer bieten neben einem urig eingerichteten Gastraum, in dem schon Altbundeskanzler Ludwig Erhard speiste, auch einen modernen und hellen Wintergarten mit großzügigem Panoramablick. Im Sommer spielt sich das Leben jedoch ausschließlich auf der großen Außenterrasse ab. Es werden hausgemachte Wurstplatten serviert, welche nach einem alten Familienrezept zusammengestellt werden. Sehr beliebt sind die leckeren Schnitzel und der deftige Fleischkäse mit frisch zubereiteten Bratkartoffeln, von Hausherr Udo Eudenbach persönlich in der Pfanne gebrutzelt. Mittlerweile haben sich auch die leckeren Flammkuchen zu wahren Rennern entwickelt. Sie werden je nach Saison mit Speck, Pfifferlingen oder Lachs und für Süßmäuler mit Apfel, Zimt und Zucker angeboten. Am Nachmittag locken frisch gebrühter Kaffee und nach alten, überlieferten Rezepten gebackene Kuchen. Die Weinkarte enthält eine Auswahl preiswerter, aber auch hochklassiger Tropfen aus dem Anbaugebiet Ahr und aus dem neuen, von Sohn Christoph Eudenbach betriebenen Weingut Altenwegshof.

Nur zehn Gehminuten entfernt liegt das Dokumentationszentrum Regierungsbunker. Er öffnet seine atombombensicheren Tore für einen Abstecher in eine unterirdische Welt, die lange strenger Geheimhaltung unterlag.

Brogsitters Gasthaus Sanct Peter
Walporzheimer Straße 134
53474 Bad Neuenahr-Ahrweiler (Walporzheim)
02641 97750

Vinothek im Gasthaus Sanct Peter
Walporzheimer Straße 134
53474 Bad Neuenahr-Ahrweiler (Walporzheim)
02641 97750

26 Von gediegener Gelassenheit

Brogsitters Gasthaus Sanct Peter

Die Geschichte des altehrwürdigen Gebäudeensemble des Gasthauses Sanct Peter reicht bis ins Jahr 600 zurück. Nach der Flut 2021 hat das Lokal seinen Ruf als großartige Genussoase inmitten des wildromantischen Ahrtals grandios zurückerobert. Zugleich erklomm das geschmackvolle Gourmetrestaurant die nächste Stufe auf der Erfolgsleiter.

Der brandneue Gastraum strahlt zeitlose Opulenz und gediegene Gelassenheit aus. Der architektonisch bemerkenswerte Anbau fügt sich derart organisch in die historische Bausubstanz ein, als wäre er schon immer da gewesen. Der stilsicher dekorierte, geradezu fürstliche Feinschmeckerbereich bietet ein angenehmes Ambiente, denn die Besucher sollen sich im Sanct Peter in allererster Linie wohlfühlen. Einen wesentlichen Beitrag zum Erfolg leisten Hans-Joachim und Iris Brogsitter als unaufdringlich präsente Gastgeber mit vorausschauendem Blick für das Wesentliche.

Serviert werden Gaumengenüsse auf höchstem Niveau wie etwa ein lackierter Milchferkelbauch oder ein Sanct-Peter-Fisch mit Froschragout in Kräutern. In der völlig neu gestalteten Weinkirche wiederum kommen beliebte Leibgerichte wie Rinderkraftbrühe mit Kräuterklößchen oder Rücken vom Eifeler Reh in herausragender Qualität auf den Tisch. Dazu kann der Gast eine passende Weinbegleitung ordern. Allerdings bringt er sich dann um das Vergnügen, aus über 150 Tropfen im offenen Ausschank wählen zu können – eine einmalige Gelegenheit.

Bei schönem Wetter erfreut sich die Terrasse großer Beliebtheit, wo sich ein herrlicher Blick auf die nahe gelegenen Weinberge der hauseigenen Lage Alte Lay bietet.

Die *Vinothek der 1.000 Weine* beherbergt im gleichen Gebäude eine enorme Auswahl an edlen Tropfen aus aller Welt zum Mitnehmen.

Weingut Kriechel
Walporzheimer Straße 83–85
53474 Bad Neuenahr-Ahrweiler (Walporzheim)
02641 36193

Flutkapelle Ahrtal
Marienthaler Straße 70
53474 Bad Neuenahr-Ahrweiler (Walporzheim)

27 Picknick im Olivenhain

Weingut Peter Kriechel

Das Weingut Peter Kriechel ist mit seinen 24 Hektar Anbaufläche die größte private Kellerei der Ahr und wird nach wie vor als echter Familienbetrieb geführt. Als Peter Kriechel senior 1952 seinen ersten Rebstock pflanzte, hätte er sich wohl nicht träumen lassen, welcher Erfolg sich zwei Generationen später aus seiner Idee entwickeln werden würde. »Opa wäre stolz auf uns«, sind die Enkel Michael und Peter Kriechel junior überzeugt.

Der Winzerhof hat nicht nur mehrmals den Deutschen Rotweinpreis gewonnen, sondern war drei Jahre in Folge Lieferant für die DFB-VIP-Lounge bei Länderspielen der deutschen Fußballnationalmannschaft sowie beim DFB-Pokalfinale in Berlin. Bei Empfängen des Bundespräsidenten und der Berlinale werden die Weine ebenfalls ausgeschenkt. Diese Anerkennung ihrer Arbeit erfüllt die Kriechels mit Stolz. »Hinter jedem großen Erfolg stecken Schweiß, Tränen und eine starke Familie.«

Das zeigt sich insbesondere im großen Probierkeller, der zwar bei der Flut bis obenhin mit Wasser gefüllt war, jetzt aber von Grund auf renoviert und modernisiert in zeitgemäßem Chic erstrahlt. Jede Woche wird eine »BurgundAhr«-Verkostung mit Kellerführung angeboten. Spontane Besucher dürfen sämtliche Erzeugnisse probieren. Bei gebuchten Proben erfahren Gruppen ab zehn Personen in lockerer Atmosphäre Fachwissen über den Rebensaft, das Ahrtal, die Rebsorten und natürlich den Betrieb. Die Veranstaltungen können mit einem Essen oder einem Rundgang über die Hänge kombiniert werden. Außergewöhnlich ist das Weinpicknick im Sommer im gutseigenen Olivenhain mit Weitblick über das Ahrtal.

Die kleine Flutkapelle in den Wingerten oberhalb von Walporzheim soll an die schreckliche Jahrhundertflut erinnern und ein Ort des Gebetes und des Gedenkens für das gesamte Ahrtal sein.

Hotel-Restaurant Hohenzollern
Am Silberberg 50
53474 Bad Neuenahr-Ahrweiler (Walporzheim)
02641 9730

Museum Roemervilla
Am Silberberg 1
53474 Bad Neuenahr-Ahrweiler
02641 5311

28 Atemberaubende Aussicht

Hotel-Restaurant Hohenzollern

Das Hotel Hohenzollern besitzt eine unvergleichliche Lage, direkt am Rotweinwanderweg mit einer atemberaubenden Aussicht über die Altstadt von Ahrweiler, auf die üppigen Wingerte des Ahrtals, die antike Römervilla und die majestätische Landskrone. Doch damit nicht genug, denn das Haus punktet zudem durch eine ausgezeichnete Gourmetküche, in der ausschließlich frische Produkte höchster Qualität verwendet werden und auf jedwede Zusatzstoffe verzichtet wird.

Zum Wochenausklang lockt zur Mittagszeit das beliebte Lunch-Menü mit kreativen Landhausspeisen ins gemütliche Restaurant, in dem fast alle Plätze an den gigantischen Panoramafenstern angeordnet sind. Auf der herrlichen Terrasse mit spektakulärem Ausblick auf das Ahrtal und in dem eleganten Weingarten unter Schatten spendenden Bäumen lässt es sich bei schönem Wetter stundenlang aushalten. Auf klassischen Wurzeln basierend kocht Küchenchef Benedikt Klein mit seinem Team leicht, modern und saisonal. Eine harmonische Kombination aus Säure, Texturen und der Qualität bester Produkte weiß hierbei stets alle Ansprüche zu bedienen.

Mehrgängige Dinnermenüs stehen für die gehobene Küche, bei der ein 24 Stunden gegarter Bauch vom Duroc-Schwein oder ein bretonischer Steinköhler mit »Imperial Caviar« serviert werden. Genauso überzeugend sind klassische Gerichte wie das hervorragende US-Rumpsteak, das sich Gäste gerne nach einer Tour auf dem Rotweinwanderweg mit einem guten Tropfen auf der Terrasse schmecken lassen. Das Restaurant besitzt eine der besten Weinkarten der Region mit mehr als 500 Positionen aus aller Welt. Der Schwerpunkt liegt auf ausgewählten Produkten des Ahrtals und 14 edlen Tropfen im offenen Ausschank.

Nur fünf Gehminuten entfernt präsentiert das Museum Roemervilla historische Mauern, eine Badeanlage, eine Küche sowie vollständig erhaltene Fußbodenheizungssysteme aus der Römerzeit.

Weinberge bei Walporzheim

Maibachfarm
Im Maibachtal 100
53474 Bad Neuenahr-Ahrweiler
02641 36679

Ehemaliges Kloster Calvarienberg
Kalvarienbergstraße 50
53474 Bad Neuenahr-Ahrweiler

29 Pionier bei biologischem Weinbau

Maibachfarm

Im Südwesten von Ahrweiler führt der Weg immer weiter bergauf. Die Straße, die an Wiesen, Weinbergen und alten Klostermauern vorbeiführt, wird zwischenzeitlich so schmal, dass die Anfahrt zur Maibachfarm etwas abenteuerlich anmutet. Doch das Ziel lohnt sich. Und zwar nicht nur, weil das namensgebende Maibachtal, ein Nebental des Ahrtals, so idyllisch ist. Aus einem Hühnerhof mit Ausflugslokal entstand nach einem Eigentümerwechsel in den 1990er-Jahren ein Winzergut, das in der Region als Pionier im biologischen Weinanbau gilt.

Zwischen Dernau und Sinzig bewirtschaftet das Team der Maibachfarm heute Reben auf einer Fläche von fast zehn Hektar. Dabei wird auf konventionelle Pflanzenschutzmittel verzichtet – und dafür gesorgt, dass zwischen den Rebstöcken das Grün gedeiht. »Es ist steil, es steckt viel Handarbeit darin, man kann nur ganz wenig maschinell machen«, sagt der Verwalter des Betriebs, Marcus Jäschke, über die Arbeit in den Weinbergen.

Der Trend auf der Maibachfarm entwickelt sich zum Weißwein hin, obwohl die Ahr als Anbaugebiet für Rotwein bekannt ist. Inzwischen ist das Verhältnis der Tropfen, die nach der Lese aus den Trauben entstehen, Jäschke zufolge fast ausgeglichen. Allerdings bleiben er und seine Kollegen den roten Spätburgunderreben oftmals treu. Nur werden diese eben weiß gekeltert, sodass daraus der sogenannte Blanc de Noir entsteht.

Zum Weingut gehört neben einer Vinothek auch eine Straußwirtschaft, die von Juli bis Oktober ihre Pforten öffnet. Auf der Speisekarte stehen etwa Käseplatte, Flammkuchen und Schnitzel. Der Gastraum bietet Platz für bis zu 100 Menschen und kann auch für Veranstaltungen gebucht werden.

Wer zur Maibachfarm hochfährt, kommt am ehemaligen Kloster Calvarienberg vorbei. Von den Ursulinen-Schwestern 2017 verlassen, sollen in und um den imposanten Barock-Bau Wohnungen entstehen.

Hotel-Restaurant Rodderhof
Oberhutstraße 48
53474 Bad Neuenahr-Ahrweiler
02641 3990

Geschichtengarten an der Ahr
Ecke Carl-von-Ehrenwall-Allee/Herrestorffstraße
53474 Bad Neuenahr-Ahrweiler

30 Die Aromen stehen im Mittelpunkt

Hotel-Restaurant Rodderhof

Bis ins Jahr 1248 zurück reicht die Geschichte des Rodderhofs in Ahrweiler, direkt gegenüber dem Obertor. Augustinermönche aus Klosterrath bei Aachen begründeten damals den Landsitz als Mittelpunkt ihrer Gutsverwaltung. Das ursprüngliche Gebäude fiel jedoch dem großen Brand von 1689 zum Opfer und wurde 1714 im Barockstil wieder errichtet.

1993 nahm Familie Hempen an diesem Platz den Hotelbetrieb auf und führt ihn bis heute fort. Das Restaurant Augustiner wurde samt der Küche nach der Flutkatastrophe komplett neu aufgebaut. Das Gebäude besticht durch sein elegantes und modernes Design mit klaren Linien, warmen Farben und hochwertigen Materialien. Geschmackvoll eingerichtet, wurde im Inneren eine angenehme Atmosphäre geschaffen, die zum Genießen und Entspannen einlädt. Im Sommer spielt sich das Leben im malerischen Innenhof ab. Gäste können sich auf eine Vielfalt an kulinarischen Erlebnissen freuen, bei denen der Genuss im Mittelpunkt steht.

Küchenchef Fabian Dannenberger hat sich auf saisonale und moderne Speisen spezialisiert. Für seine kreativen und anspruchsvollen Gerichte verwendet er stets frische, hochwertige Zutaten, vorzugsweise aus regionaler und biologischer Landwirtschaft. Das sechsgängige saisonale Menü etwa mit Rindercarpaccio, Cremesuppe von Hokkaidokürbis, gebratenen Black-Tiger-Garnelen, kanadischem Bisonsteak, einer kleinen Käseauswahl und einer Grafschafter Apfeltarte ist von den reichen Aromen der mediterranen Kochkunst inspiriert.

Sehr beliebt sind die Fondue-Abende im Gewölbekeller. Wer es noch exotischer haben möchte, ist im »Wushi Club« bestens aufgehoben. Einmal im Monat kommen Wein und Sushi auf eine ganz neue Art und Weise zusammen.

Im kleinen, aber großartig angelegten Geschichtengarten an der Ahr in fußläufiger Entfernung darf jeder selbst aktiv werden, egal ob als Künstler, Schriftsteller, Handwerker oder Gärtner.

Winzerhof Körtgen
Oberhutstraße 16
53474 Bad Neuenahr-Ahrweiler
02641 37113

Obertor
Walporzheimer Straße
53474 Bad Neuenahr-Ahrweiler

31 Prickelndes aus historischem Haus

Winzerhof Körtgen

Im Westen der Ahrweiler Altstadt befindet sich der Winzerhof Körtgen. Hinter dem denkmalgeschützten Vorderhaus erstreckt sich ein erstaunlich großes, bei Sonnenschein lichtdurchflutetes Gelände mit viel Grün und einer kleinen Hütte, die als Ausschank genutzt wird. Rechts geht es in die Weinstube, die auch ein Restaurant beherbergt, links in die Vinothek, in der kleine Speisen zu edlen Tropfen gereicht werden. Zudem bieten drei Ferienwohnungen Platz für bis zu zehn Übernachtungsgäste.

Das Gebäudeensemble in der Oberhutstraße, das den Familienbetrieb beheimatet, ist durchaus historisch zu nennen. Nicht nur stammt das Vorderhaus aus der Mitte des 18. Jahrhunderts, sondern eröffnete Carl von Ehrenwall dort auch im Jahr 1877 die nach ihm benannte Klinik. Das in der Region weithin bekannte Fachkrankenhaus für Psychiatrie ist inzwischen keine 300 Meter entfernt in der Walporzheimer Straße zu finden.

Nachdem zuvor bereits andere Winzer an diesem Standort angesiedelt waren, nahmen Christof und Ute Körtgen in den 1990er-Jahren den Betrieb auf. Heute packen auch ihre Kinder mit an und sollen das Geschäft einmal übernehmen. Die Weinberge der Familie Körtgen liegen in und um Ahrweiler. Auf ungefähr 2,5 Hektar baut sie Rebsorten wie Spätburgunder, Frühburgunder und Rivaner an. Die Lese erfolgt in reiner Handarbeit.

Eine Besonderheit ist, dass die Körtgens eine der wenigen Sektkellereien an der Ahr betreiben. In ihrem Gewölbekeller »versekten« sie mithilfe der traditionellen Flaschengärung. Und zwar nicht nur ihre eigenen Weine, sondern auch die von anderen Winzern.

Gut 200 Meter vom Winzerhof Körtgen entfernt befindet sich das Obertor. Der 20 Meter hohe Bau mit dreigeschossigem Hauptturm und vier Ecktürmen aus dem 13. Jahrhundert ist das westliche der vier Stadttore Ahrweilers.

Restaurant Sternchen im Hotel Zum Stern
Marktplatz 9
53474 Bad Neuenahr-Ahrweiler
02641 97890

Ahrtor
Ahrhutstraße 2
53474 Bad Neuenahr-Ahrweiler

32 Feudalen Ansprüchen genügend

Restaurant Sternchen im Hotel Zum Stern

Das älteste Restaurant innerhalb der historischen Stadtmauer von Ahrweiler ist das Sternchen im Hotel Zum Stern. 1423 wurde das Haus erstmals erwähnt; die Jahreszahl prangt auch in großen goldenen Ziffern auf dem imposanten dreigeschossigen Gebäude mit seinem hohen Walmdach. In den Gemäuern bezeugte damals eine Versammlung von Rittern und hochwohlgeborenen Herren den Landskroner Burgfrieden, was wohl dafürspricht, dass das Gasthaus schon damals den feudalen Ansprüchen höchster Kreise genügte. In den folgenden Jahrhunderten diente es gleich mehrfach französischen Offizieren als Unterkunft während diverser kriegerischer Auseinandersetzungen, mal waren sie Besatzer und mal Verbündete.

Heute werden im Sternchen die Gäste ebenso mit Speisen aus der traditionellen, gutbürgerlichen Küche verwöhnt wie mit regionalen Spezialitäten. Auf der Karte stehen Tafelspitz mit Meerrettichsauce oder Rheinischer Sauerbraten mit Kartoffelklößen, ofenfrischer Spießbraten oder Rinderrouladen nach Großmutters Art, aber auch gebratene Forelle mit Mandelbutter oder Käsespätzle mit geschmorten Zwiebeln. Ergänzt wird das Angebot durch saisonale Gerichte und Zutaten, beispielsweise mit Pfifferlingen im Herbst.

An diesem Platz lässt es sich in behaglicher Atmosphäre zusammensitzen und ein gepflegtes Bier vom Fass oder ein Glas Ahrwein genießen. Bei schönem Wetter spielt sich der Betrieb auf der großen Außenterrasse ab, direkt am Marktplatz und neben der sehenswerten Pfarrkirche Sankt Laurentius gelegen. Im Schatten des Kirchturms bietet die Kulisse trotz zentraler Lage in der pittoresken Altstadt ein ruhiges Ambiente.

Das nahe gelegene Ahrtor des Ahrweiler Stadtmauerrings bewacht als standhaftes Wahrzeichen die mittelalterliche Altstadt. Führungen zeigen, was sich hinter den mächtigen Mauern verbirgt.

Stil Blüte Café
Ahrhutstraße 32
53474 Bad Neuenahr-Ahrweiler
02641 9117074

Brettspielheld
Niederhutstraße 52–54
53474 Bad Neuenahr-Ahrweiler
02641 8299041

33 Schönes für Gaumen und Augen

Stil-Blüte-Café

Für Christina Schlosser war schon während ihrer Ausbildung als Florsitin klar, dass sie einmal ein Blumencafé betreiben will. Das Konzept: Kaffee und selbst gemachter Kuchen, dazu Blumen, die nicht nur als Deko dienen, sondern auch zum Verkauf stehen. Mit dem Geschäft »Florales Leben«, das sie in der Ahrweiler Ahrhutstraße zusammen mit Schwester Nadine eröffnete, erfüllte sie sich ihren Traum. Doch dann zerstörte die Flut im Juli 2021 das Ladenlokal.

Anschließend mussten die Geschwister mit ihrem außergewöhnlichen Café in die Pop-up-Mall an der Stadtmauer ausweichen. In dem provisorischen Einkaufszentrum fand auch Ursula Kockerols Zuflucht auf Zeit, deren Boutique »Kockerols – Ambiente im Ahrtal« sich vor der Zerstörung ebenfalls in der Ahrhutstraße befand. Die drei Frauen fassten den Entschluss, gemeinsame Sache zu machen und Waren wie Speisen künftig unter einem Dach anzubieten.

So verzichteten die Schlosser-Schwestern darauf, in ihr altes Ladenlokal zurückzukehren. Stattdessen zogen sie gut ein Jahr nach der Flut, im August 2022, nach Abschluss der Sanierung bei »Kockerols« ein. Im hinteren Teil richteten sie Café und Blumengeschäft ein, während Ursula Kockerols im vorderen Bereich wieder Einrichtungsgegenstände verkauft. Mit »Stil Blüte Café« bekam die Zusammenarbeit bald darauf einen eigenen Namen.

Die Kundschaft kann nun zuerst im Sortiment der Boutique stöbern, das unter anderem von Frankreich und Italien inspirierte Möbel, Tischwäsche und Accessoires umfasst, und anschließend die hausgemachten Kuchenspezialitäten von Nadine Schlosser genießen. Wer allein kommt, kann seinen Lieben schließlich noch einen Strauß Blumen mitbringen oder sich selbst damit eine Freude bereiten.

In 200 Meter Entfernung liegt der Brettspielheld, ein Fachgeschäft für Brettspiele. Inhaber Alexander Petkovski bietet eine riesige Auswahl analoger Spiele für alle Altersgruppen an.

Hotel-Restaurant Eifelstube
Ahrhutstraße 26
53474 Bad Neuenahr-Ahrweiler
02641 34850

Blankartshof
Blankartshof 1
53474 Bad Neuenahr-Ahrweiler
02641 91710

34 Hier lockt die schöne Winzerin

Restaurant Eifelstube

Der schmucke Fachwerkbau in der Ahrweiler Altstadt stammt aus dem Jahr 1720, doch schon 1430 wurde das historische Gasthaus erstmals erwähnt, damals noch als Ehrensteiner Hof. Seit 1905 ist die Familie Wirtz/Schumacher Gastgeber in der Eifelstube. Nach der Flutkatastrophe übernahm mit Michael Schumacher bereits die fünfte Generation das Zepter.

Schumacher nutzte den notwendig gewordenen Wiederaufbau für eine komplette Neueinrichtung. Modern und rustikal zugleich hat das Restaurant nichts von seiner einladenden Gemütlichkeit eingebüßt, wobei die neuen langen Glühbirnen mit geschwungenen Lichtröhren ein echter Hingucker sind. In urigem Ambiente genießen die Gäste regionale und frische Küche mit Klassikern wie dem Ahrtaler Winzerschmaus, hinter dem sich ein paniertes Schnitzel mit Kräuterrührei, Bratkartoffeln und Salat verbirgt. Sehr beliebt ist auch die Schöne Winzerin, Schweinefiletscheiben an Champignonsauce mit grünem Pfeffer und süßen Träubchen. Und mit der üppigen Grillplatte Eifelstube ist noch jeder satt geworden. Vegetarier erfreuen sich indes an hausgemachten Kräutergnocchi an Kürbisragout und Kirschtomaten.

Die Weinkarte ist mit über 100 Posten gut bestückt, wobei der Schwerpunkt auf Erzeugnissen aus dem Ahrtal liegt. Aber auch die Weißweine vieler namhafter Winzer aus allen anderen deutschen Anbaugebieten warten auf den Korkenzieher. Bemerkenswert ist die Auswahl an hochklassigen Großflaschen. Dazu gibt es immer wieder die neuen Kreszenzen des jeweiligen »Winzers des Monats« zu entdecken. Im Sommer sitzt man gemütlich im geschützten Karree des Blankartshofs und lauscht dem Plätschern des Wappenbrunnens mit bedeutenden Wappen aus der Geschichte der Stadt.

Gleich nebenan liegt der historische Blankartshof. Im Barockbau sind das Stadtarchiv und die Tourist-Information Ahrweiler untergebracht, eine zentrale Anlaufstätte im Ortskern von Ahrweiler.

Restaurant Prümer Gang
Niederhutstraße 58
53474 Bad Neuenahr-Ahrweiler
02641 4757

Pfarrkirche Sankt Laurentius
Marktplatz 13
53474 Bad Neuenahr-Ahrweiler
02641 34737

PRÜMER GANG
Restaurant und Hotel

35 Vom Abt bestätigt

Restaurant Prümer Gang

Die historische Altstadt von Ahrweiler ist eine Reise wert, erfreulicherweise sind auch die Speiselokale weitaus besser als in anderen Urlaubsregionen. Das Restaurant Prümer Gang inmitten des mittelalterlichen Gebäudeensembles sticht durch die Neuinterpretation klassischer Gerichte hervor. Küchenchef Roger Müller und seiner Schwester Anja Heuser ist es nach der Flutkatastrophe gelungen, schnell an die früheren Erfolge anzuknüpfen.

Stilvoll und zeitgemäß zugleich ist das Ambiente im vollständig restaurierten Restaurant und passt somit perfekt zum modernisierten historischen Gebäude samt barocker Fassade. Seinen Namen verdankt das Haus dem geschichtsträchtigen Grenzgang der Prümer Äbte, mit dem diese einst die Besitzungen des Klosters in der Gemarkung Ahrweiler offiziell bestätigten. Die erste Beschreibung eines »Prümer Gangs« ist aus dem Jahre 1430 überliefert.

Im heutigen Restaurant mit zwei Ebenen kommen Produkte nach Angebot des Marktes auf die Teller, tagesfrisch und regional, stets aufs Neue zu außergewöhnlichen Kompositionen verfeinert und mit internationalen Akzenten versehen. Etwa die Brust vom Schwarzfederhuhn auf Gemüse »Asia Style« mit Sushi-Reis-Krokette oder geröstete Kalbsleberscheiben mit Kartoffelstampf, Apfel und Zwiebel. Besonders die tiefdunklen Bratensaucen zu den feinen Fleischgerichten haben es den Stammgästen angetan.

Die umfangreiche Weinkarte bietet ausgesuchte Tropfen, die perfekt mit den Speisen harmonieren. Anja Heuser gilt als profunde Kennerin der Ahrweine und veranstaltet zusammen mit den renommiertesten Winzern der Region immer wieder bemerkenswerte Events.

Nur einen Steinwurf entfernt befindet sich die Katholische Pfarrkirche St. Laurentius, die älteste Hallenkirche des Rheinlandes aus dem 13. Jahrhundert mit Fresken aus dem 15. Jahrhundert.

Toggenburger Churfirstin
Niederhutstraße 44
53474 Bad Neuenahr-Ahrweiler
0177 3296510

Haus Wolff
Niederhutstraße 42
53474 Bad Neuenahr-Ahrweiler

36 Kräftiger Käse aus der Schweiz

Toggenburger Churfirstin

Toggenburg im Kanton St. Gallen gehört zu den schönsten Regionen der Schweiz. Bekannt ist der Landstrich nicht nur für wunderschöne Berglandschaften, sondern auch für kräftige Käsesorten. Rund 550 Kilometer nördlich versorgt Axel Reinhold seine Kundschaft in der Ahrweiler Altstadt mit den alpinen Spezialitäten.

Mit seinem Käsegeschäft Toggenburger Churfirstin, auch bekannt als »Chäshütte«, hat der ehemalige Soldat seine Leidenschaft für die Schweiz und ihren Käse zum Beruf gemacht. Nach der Eröffnung im Jahr 2020 hatte er allerdings prompt mit der Corona-Pandemie und der Flutkatastrophe zu kämpfen. Letztere zerstörte sein Ladenlokal in der Ahrhutstraße, sodass es nach einer Zwischenstation in der provisorischen Pop-up-Mall an der Stadtmauer nun in der Niederhutstraße beheimatet ist.

Trotz der widrigen Umstände verfügt Reinhold inzwischen über eine Stammkundschaft, die sein Sortiment zu schätzen weiß. Einige der Käsespezialitäten bietet er in der Region exklusiv an. Da wäre zum Beispiel der Blaue Büffel, ein weicher Blauschimmelkäse mit buttriger Konsistenz aus – der Name lässt es erahnen – Büffelmilch. Hersteller ist der Käseweltmeister Willi Schmid aus dem toggenburgischen Lichtensteig. Dazu kommen etwa Raclette und Bratkäse sowie Schweizer Versionen weiterer Weichkäse wie Brie. Würzige, weil monatelang gereifte Hartkäsesorten tragen verwegene Namen wie Roter Teufel.

Für den kleinen Hunger bietet Reinhold mit Käse belegte Brötchen an. In der kalten Jahreszeit kreiert er für seine Kunden zudem individuelle Fondue-Mischungen. Weine aus dem Schweizer Wallis, die sich den Platz im Regal mit heimischen Tropfen von der Ahr teilen, runden das Sortiment ab.

Direkt neben der »Chäshütte« befindet sich mit dem Haus Wolff eine der ältesten Bauten der Ahrweiler Altstadt. In dem Fachwerkhaus von 1621, einst Sitz des Stadtgerichts, ist heute ein Café beheimatet.

Bells Genusshof & Marktplatz
Niederhutstraße 25–27
53474 Bad Neuenahr-
Ahrweiler
02641 900243
Niedertor
Niederhutstraße 2
53474 Bad Neuenahr-
Ahrweiler
Poldina Pro

37 Ausstellung im Gastraum

Bells Genusshof & Marktplatz

Bis zu 300 Gäste fasste früher das Restaurant von Markus Bell in der Ahrweiler Altstadt samt seinem Biergarten. Dann kam im Juli 2021 die Flut, die alles zerstörte. Statt eins zu eins wiederaufzubauen, entschied Bell sich für einen Neuanfang mit großen Veränderungen. Den Biergarten gibt es nicht mehr, auch die einst angeschlossene Hausbrauerei gehört der Vergangenheit an. Der Innen- und der Außenbereich bieten zusammen nur noch Platz für etwas mehr als 100 Menschen. Dafür ist ein »Genusshof & Marktplatz« entstanden.

Wo sich früher der Wintergarten erstreckte, bietet nun eine Floristin Blumen an. In das einstige Kaminzimmer ist eine Schmuckmanufaktur eingezogen. Der Gastraum des Lokals ist zur Ausstellung geworden. Wer während des Essens an den dortigen Möbeln Gefallen findet, kann Modelle gleichen oder ähnlichen Typs in einem Geschäft direkt nebenan erwerben. Auch die Bilder an den Wänden stehen mitunter zum Verkauf. Sie stammen von zwei Künstlerinnen aus dem Ahrtal, die regelmäßig wechselnde Werke präsentieren. Im hinteren Teil stehen Regale mit Weinen, Spirituosen, Olivenöl und Gewürzen – hergestellt größtenteils in der Region.

Das kulinarische Angebot des Restaurants hat sich ebenfalls verändert. Während vor der Flut der Fokus auf bürgerlicher Küche mit »Spießbraten, Haxen und Salaten« lag, wie Bell berichtet, kommen nun etwa Gerichte mit frischer Pasta, ausgefallene Burger-Kreationen und Steaks auf die Teller. Letztere werden im Herbst – passend zur Jahreszeit – mit Kürbisgemüse serviert, denn auch saisonaler soll die jetzige Küche sein. Wie der Gastraum ist auch die Karte kleiner geworden. Sie umfasst höchstens zehn Gerichte. Und: Sie wechselt wöchentlich. »Wir wollen wandelbar bleiben«, betont Bell.

Gut 100 Meter östlich von Bells Genusshof befindet sich das Niedertor. Es ist nach dem Ahrtor das zweitgrößte der vier Stadttore der Ahrweiler Altstadt und stammt aus dem 13. Jahrhundert.

Eisweiler
(Frühjahr bis Herbst)
Bossardstraße 1
53474 Bad Neuenahr-Ahrweiler

Eiscafé Lopa
(Frühjahr bis Mitte Dezember)
Ahrhutstraße 49
53474 Bad Neuenahr-Ahrweiler
02641 34993

38 Nachhaltiger Genuss

Eisweiler

Im Frühjahr 2022 liegt die Flut noch nicht einmal ein Jahr zurück. Wie im ganzen Ahrtal so sind auch in Ahrweiler angesichts der verheerenden Folgen der Katastrophe noch viele Geschäfte geschlossen. Das gilt nicht zuletzt für die Gastronomie. Doch als der Sommer vor der Tür steht, wagen Severin Geschier und Mark Weingärtner ohne Vorkenntnisse den Weg in die Branche. In der Bossardstraße, gerade außerhalb der historischen Stadtmauer, verkaufen sie seitdem während der warmen Jahreszeit Eiscreme zum Mitnehmen. Besonders an heißen Tagen bilden sich vor dem kleinen Ladenlokal namens Eisweiler viele Meter lange Menschenschlangen.

Neben Klassikern wie Vanille und Schokolade beinhaltet das Sortiment auch ausgefallene Kreationen, die zum Beispiel »Omas Teigschüssel« heißen. Hergestellt wird das Eis in einer Partnermanufaktur, die auf Farb- und künstliche Aromastoffe verzichtet. Bei den Fruchteissorten handelt es sich ausschließlich um Sorbets, die ohne Milch auskommen. Damit sollen auch Veganer und Allergiker in den Genuss kommen.

Einen besonderen Fokus legen Geschier und Weingärtner auf Nachhaltigkeit. So gibt es für all diejenigen, die ihr Eis nicht in der Waffel mögen, eine biologisch abbaubare Verpackung: Becher aus Ton, die nur aus gebranntem Lehm, Wasser und Salz bestehen. Eisweiler gehörte zu den ersten Geschäften in Deutschland, die diese Behältnisse nutzten. Hergestellt werden sie von einer Firma aus Berlin mithilfe von 3-D-Druckern.

Wer auf den Geschmack gekommen ist, kann bei Eisweiler für Veranstaltungen einen mobilen Eiswagen buchen. Je nach Wunsch stellen die Mitarbeiter eine individuelle Auswahl mit bis zu sieben Sorten zusammen.

Heute gibt es in Ahrweiler wieder mehrere Eisdielen. Wer es echt italienisch mag, wird etwa im Eiscafé Lopa fündig. Der Familienbetrieb liegt mitten in der Altstadt und verfügt über zahlreiche Sitzplätze.

Weingut J. J. Adeneuer
Max-Planck-Straße 8
53474 Bad Neuenahr-Ahrweiler
02641 34473

Wald-Abenteuer – der Wald-Kletterpark
(März bis Oktober)
Königsfelder Straße 100
53474 Bad Neuenahr-Ahrweiler
0221 98256000

39 Kulttropfen aus der Gärkammer

Weingut J. J. Adeneuer

»Puristische Spätburgunder sind unsere Leidenschaft«, sagt Marc Adeneuer, der zusammen mit seinem Bruder Frank und dessen Sohn Tim das traditionsreiche Weingut J. J. Adeneuer in Ahrweiler leitet. Die Familie betreibt den Winzerberuf seit über 500 Jahren; ihr Gut gehört zu den ältesten Winzerhöfen an der Ahr.

Auf einer Rebfläche von 8,7 Hektar wird zu fast 80 Prozent die wohl edelste aller Rotweinsorten kultiviert, der Spätburgunder. Der Schieferboden und das milde Klima bewirken ein feinfruchtiges und samtiges Bouquet. Dabei ist der Stil der Adeneuers von dezentem Neuholzeinsatz geprägt. Im Fokus steht der Charakter des Weins, seine Typizität und Aromatik.

Vor allem für die wohl bekannteste Lage der Ahr, der Walporzheimer Gärkammer, die kleinste klassifizierte Lage Deutschlands und eine der kleinsten in ganz Europa, trifft dieses in besonderem Maße zu. Die Gärkammer befindet sich seit über drei Jahrhunderten im Alleinbesitz der Familie Adeneuer und ist somit deren Aushängeschild. Teilweise stehen auf dem Areal sogar noch wurzelechte, bis zu 100 Jahre alte Spätburgunderreben. Die dunklen Steinmauern und der Schieferverwitterungsboden speichern die Wärme vom Tag bis in die Nacht, sodass ein gleichbleibendes und einzigartiges Mikroklima entsteht.

»Wir sind sehr stolz auf unsere Monopollage, denn aus dieser Lage vinifizieren wir seit jeher außergewöhnliche Spätburgunder, die kraftvoll und ausdrucksstark sind und die Speerspitze unserer Kollektion abbilden«, betont Adeneuer. In der rustikal-gemütlichen Vinothek kann man diesen Kultwein und natürlich auch alle anderen edlen Tropfen des Guts in aller Ruhe und mit fachmännischer Kommentierung probieren.

Im Wald Abenteuer sind 70 Kletterstationen zwischen Bäumen zu zwei Parcours verbunden. Mit einer der längsten Seilrutschen Deutschlands kann man 450 Meter über das Tal sausen.

Dagernova Weinmanufaktur
Heerstraße 91–93
53474 Bad Neuenahr-Ahrweiler
02641 94720

Dagernova Weinbistro
Im Kaufhaus Moses
Hauptstraße 83
53474 Bad Neuenahr-Ahrweiler
02641 947238

Vinothek Eventhalle Dernau
Römerstraße 32
53507 Dernau
02643 1266

Dagernova Restaurant & Weinstube
Ahrweg 7
53507 Dernau
02643 8321

40 Die größte Winzergenossenschaft

Dagernova Weinmanufaktur

Der Name erinnert an die Ursprünge in Dernau. Doch inzwischen befinden sich Verwaltung und Produktion der größten Winzergenossenschaft des Ahrtals in der Bad Neuenahrer Heerstraße.

Aber der Reihe nach: Die Dagernova Weinmanufaktur geht auf den 1873 gegründeten Dernauer Winzerverein zurück, der knapp 100 Jahre später mit dem örtlichen Weinbauverein zur Winzergenossenschaft Dernau fusionierte. Kurz darauf schlossen sich eine Reihe umliegender Fachverbände der Vereinigung an. Ihren heutigen Namen erhielt die Genossenschaft im Jahr 2004. Heute sind ungefähr 600 Winzer Mitglied bei der Dagernova. Zusammen bewirtschaften sie etwa 150 Hektar Anbaufläche, wobei davon durch die Flutkatastrophe im Juli 2021 zehn Hektar in flacheren Lagen zerstört wurden. Oftmals verfügen die Dagernova-Winzer allerdings über Schieferterrassen an steilen Hängen. In diesen können kaum Maschinen zum Einsatz kommen, sodass im Weinberg nahezu alles von Hand vonstattengeht.

Die Dagernova betreibt zwei Vinotheken, in denen die edlen Tropfen erworben werden können und Verkostungen veranstaltet werden. Die eine befindet sich am Verwaltungssitz in Bad Neuenahr, die andere in der Eventhalle in der Dernauer Römerstraße. Die große Auswahl an Produkten hat Kellermeister Kevin Bertram 2023 um einen besonderen Blanc de Noir erweitert, einen Weißwein aus dunklen Spätburgundertrauben: die »Edition 1. FC Köln«. Hintergrund ist eine Kooperation mit dem gleichnamigen Fußballbundesligisten.

Mediterrane Küche bietet das Restaurant Culinarium der Dagernova im Dernauer Ahrweg, das aufgrund seiner erhöhten Lage im Gegensatz zur Vinothek von der Flut verschont blieb. Auf der Speisekarte stehen unter anderem Pasta, Pizza, Tapas und Gegrilltes.

Nach der Flut hat im Obergeschoss des Bad Neuenahrer Kaufhauses Moses das Dagernova Weinbistro eröffnet. Wer beim Bummeln Hunger bekommt, ist dort ebenso richtig wie alle, die einen Wein genießen wollen.

Laurentiuskirche in Ahrweiler

Wein-Lounge im Kurpark
(Juni bis Juli/August)
Oberstraße 8
53474 Bad Neuenahr-Ahrweiler
02641 91710
Steigenberger-Hotel (Ü)
Kurgartenstraße 1
53474 Bad Neuenahr-Ahrweiler
02641 9410

Kurzurlaub direkt an der Ahr

Wein-Lounge im Kurpark

Palmen und Sand sorgen für echtes Strandgefühl. Die entspannte House-Musik, die vom DJ-Pult herüberdringt, erinnert an das berühmte Café del Mar auf der Mittelmeerinsel Ibiza. Die Wein-Lounge im Kurpark von Bad Neuenahr geht somit problemlos als »Café del Ahr« durch, zumal sie direkt am Wasser liegt. Wer braucht da im Sommer schon das Mittelmeer?

Die Wein-Lounge stößt mit ihrem stimmungsvollen Ambiente auf riesige Resonanz bei den Gästen. 2023 verlängerten die Betreiber daraufhin das Angebot um einen Monat: Statt bis zum Juli blieb die Strandbar kurzerhand bis Ende August stehen. »Man fühlt sich auch als Einheimischer wie im Urlaub«, zeigt sich Christian Lindner, der Vorsitzende des Vereins Ahrtal-Tourismus, begeistert.

Das kulinarische Portfolio wechselt. In der Vergangenheit konnten Gäste beispielsweise Flammkuchen und Salate genießen. Eine Konstante auf der Getränkekarte ist der namensgebende Wein, den verschiedene Winzer von der Ahr dort präsentieren. Besonders beliebt ist der Blanc de Noir, ein aus dunklen Spätburgundertrauben gekelterter Weißwein. Dazu kommen Weincocktails wie Hugo und Aperol Spritz, aber auch exklusive Kreationen wie der Sunny Soul, ein sommerlicher Drink aus Secco, Limettensaft, Holunderblüte und Minze.

Das Gelände im Kurpark fasst ungefähr 150 Besucher. Im Sandstrandbereich an der Ahr sitzen sie in Liegestühlen, auf Sofas aus alten Europaletten oder auf Teppichen auf dem Boden vor flachen Holztischen. Einen Großteil der ausgefallenen Outdoor-Möbel stellt das Event-Start-up Butlery aus Ahrweiler, das die Organisation der Wein-Lounge 2023 erstmals übernommen hat.

Wer nach einem lauen Sommerabend in der Wein-Lounge eine Übernachtungsmöglichkeit sucht, wird im noblen Steigenberger fündig. Das flutgeschädigte Hotel im Kurviertel hat im Frühjahr 2024 wiedereröffnet.

Neuenahrer Brauhaus
Hauptstraße 112
53474 Bad Neuenahr-Ahrweiler
02641 950660

Fußgängerzone Bad Neuenahr
Poststraße, Ahrstraße
und Kreuzstraße
53474 Bad Neuenahr-Ahrweiler

42 Viermal Bier von hier

Neuenahrer Brauhaus

Auch im Tal der roten Traube trinkt man gerne ein Glas goldenen Gerstensafts, im Neuenahrer Brauhaus werden sogar vier unterschiedliche Biere nach einer speziellen Rezeptur gebraut.

Der Klassiker ist das Naturtrübe, bei dem die Hefe nicht vollständig herausgefiltert wird und das auf diese Weise sehr süffig bleibt. Das Helle hingegen wird vollständig gefiltert, wodurch die goldene Farbe entsteht. Das Braunbier wird mit einem hohen Anteil dunklen Spezialmalzes angesetzt und erhält dadurch seine bernsteinartige Färbung. Das Weizenbier schließlich besteht zu mehr als der Hälfte aus Weizenmalz und wird nicht vollständig gefiltert. Bei einer Bierverkostung kann man probieren, welches Hopfengetränk einem am besten schmeckt.

Dazu genießt man typisch deftige Brauhausküche von Sauerbraten über Currywurst bis hin zu »Himmel und Äad«. Beliebt sind auch das herzhafte Hopfenbauerngulasch vom Rind, in der Eisenpfanne serviert mit hausgemachten Butterspätzle und buntem Salat, oder die Küferpfanne mit gebräuntem Fleischkäse auf Speckbratkartoffeln mit Schmorzwiebeln und Spiegelei. Ein Brauhausschnaps mit edlen Kräutern oder ein Bierlikör fördern im Anschluss das Wohlbefinden. Auf der Tageskarte stehen stets saisonale Besonderheiten, die vom Küchenteam raffiniert angerichtet werden.

In sechs verschiedenen Räumen des Brauhauses findet sich für jeden Anlass ein schönes Plätzchen; vor allem neben dem großen kupfernen Braukessel ist Gemütlichkeit Trumpf. Doch am schönsten ist es bei gutem Wetter im zünftigen Biergarten, dem größten in Bad Neuenahr, denn unter freiem Himmel kommt sofort Urlaubsstimmung auf.

Nur wenige Schritte entfernt beginnt die Fußgängerzone von Bad Neuenahr mit einer Vielzahl von interessanten Einkaufsmöglichkeiten.

Weingut Sonnenberg
Heerstraße 98
53474 Bad Neuenahr-Ahrweiler
02641 6713

Rotweinwanderweg
Achte Etappe
Ausgangspunkt:
Heerstraße
53474 Bad Neuenahr-Ahrweiler

48 Jugendstilvilla am Rotweinwanderweg

Weingut Sonnenberg

Am Fuße des Rotweinwanderwegs in Bad Neuenahr befindet sich in einer Jugendstilvilla das Weingut Sonnenberg. Geleitet wird es von Marc Linden, der seine Ausbildung zum Winzermeister im Jahr 2005 mit der Traumnote 1,2 als Bester in Rheinland-Pfalz abschloss.

Im Ahrtal bewirtschaftet er heute Reben auf einer Fläche von etwa 6,5 Hektar. 60 bis 65 Prozent davon sind rote Rebsorten wie der an der Ahr am weitesten verbreitete Spätburgunder. Doch wie viele seiner Kollegen im Tal greift er auch aktuelle Entwicklungen auf. »Die Ahr ist zwar eine Rotweinregion, klar. Aber der Trend geht doch immer mehr Richtung Weiß, als Blanc de Noir, Weißburgunder, Grauburgunder«, erzählt Linden. Wenn man den aus Spätburgunder weiß gekelterten Blanc de Noir mitrechnet, sei das Verhältnis zwischen Rot und Weiß beim Gut Sonnenberg inzwischen sogar ausgeglichen.

Von Mitte September bis Ende Oktober werden die Tore der Straußwirtschaft geöffnet. Auf der Vesperkarte stehen zum Beispiel Flammkuchen in verschiedenen Variationen, Teller mit Käse und Wurst sowie rheinische Spezialitäten wie der Döppekuchen. Jederzeit können Gruppen ab zehn Personen Verkostungen und geführte Weinwanderungen buchen. Dabei können die Gäste sich nicht nur mit edlen Tropfen eindecken, sondern auch auf dem Winzergut übernachten, in einer der Ferienwohnungen oder mit dem passenden Gefährt auf einem der Wohnmobilstellplätze. Der Gastraum steht zudem sowohl für private als auch für gewerbliche Veranstaltungen zur Verfügung.

Einen Namen gemacht hat sich Marc Linden ferner nicht zuletzt als Organisator von Veranstaltungen wie dem Erlebnislauf *Ahrathon* und dem Musikfestival *Rock und Wein*, die auf dem Sonnenberg-Gelände über die Bühne gehen.

Kombinieren Sie den Besuch mit einer Tour auf der achten Etappe des Rotweinwanderwegs. Sie führt von Bad Neuenahr nach Heppingen und gehört mit nur 2,3 Kilometern zu den kürzeren Abschnitten des Wanderwegs.

Konditorei Irmgartz
Hauptstraße 103
53474 Bad Neuenahr-Ahrweiler
02641 24154

Kaufhaus Moses
Hauptstraße 83
53474 Bad Neuenahr-Ahrweiler
02641 75640

44 Süße Verlockungen

Konditorei Irmgartz

An diesem Schaufenster kommt wohl kaum jemand vorbei, ohne wenigstens kurz einen Blick auf die verlockenden Auslage zu werfen. Die Leckereien der Konditorei Irmgartz in der Hauptstraße von Bad Neuenahr ziehen die Aufmerksamkeit auf sich und viele Kunden in das Geschäft.

Geleefrüchte, verschiedenste Pralinen und besonders die kunstvollen Schokoladenfiguren, die oft Tiere darstellen, sind wahre Kunstwerke. Wer über die Türschwelle tritt, entdeckt noch mehr, nicht zuletzt eine breit gefächerte Auswahl an Kuchen und Torten. Der Großteil des Sortiments stammt aus eigener Herstellung. Dabei gehen etwa die Torten nicht nur über die Ladentheke, sondern werden auf Wunsch auch individuell für Feiern angefertigt.

Die Konditorei Irmgartz ist ein Familienunternehmen, das seit 1919 in der Hauptstraße ansässig ist. Seine Geschichte in Bad Neuenahr lässt sich sogar noch weiter zurückverfolgen. Heute trägt die Betreiberfamilie den Namen Strauß. Allerdings ist Seniorchefin Doris Strauß eine geborene Irmgartz. Die Flutkatastrophe im Juli 2021 hinterließ auch in der Konditorei starke Schäden. Dennoch gelang die Wiedereröffnung bereits gut acht Monate später.

Inhaber Karl-Heinz Strauß und seine Frau Doris geben das Geschäft an ihre drei Kinder Peter, Andrea und Karin weiter. Eine wichtige Stütze für den Familienbetrieb ist das Trio schon lange. Dabei sind die Aufgaben klar verteilt: Während Peter fürs Backen zuständig ist, kreiert Schwester Andrea immer neue Schokoladenvariationen. Die dritte im Bunde, Karin, steht im Verkaufsraum und berät kompetent die Kunden. Denn diese können bei allein rund 70 Pralinensorten sonst schon mal den Überblick verlieren.

Nur 150 Meter entfernt steht mit 4.500 Quadratmetern das größte Kaufhaus des Ahrtals. Das Sortiment im Kaufhaus Moses reicht von Mode bis zu Haushaltswaren.

Danko – der Ahrweinshop.de
Kreuzstraße 7a
53474 Bad Neuenahr
02641 21993

Kurpark
Bad Neuenahr
Kurgartenstraße 13
53474 Bad Neuenahr-
Ahrweiler

45 Genuss in all seinen Facetten

Ahrweinshop Danko

Wer am Ahrweinshop von Volker Danko vorbeigeht, der wird unwiderstehlich in das Genießerparadies hineingezogen. Nach der Flut komplett renoviert und auf 240 Quadratmeter angewachsen, können Feinschmecker edle Tropfen des Ahrtals in allen Facetten erkunden.

Neben den namhaften Prädikatsweingütern und Winzergenossenschaften stößt man auch auf kleinere und weniger bekannte Winzer aus Deutschlands renommiertestem Rotweinanbaugebiet. Die Kollektionen überzeugen mit einem vielseitigen Angebot vom einfachen Terrassentrunk bis hin zum komplexen Großen Gewächs. Hervorragende weiße Tropfen aus allen deutschen Regionen sowie Erzeugnisse aus Italien, Spanien, Frankreich, Portugal und Übersee runden das umfassende Weinsortiment ab. Hinzu kommen edle Spirituosen aus der Umgebung, wie ein Single-Malt-Whiskey aus dem Ahrtal, Eifelgold aus 36 edelsten Kräutern der Grafschaft, Gin aus heimischen Äpfeln und Trester aus Spätburgundertrauben. Kommunikative Veranstaltungen wie Gin-Tastings oder eine Vierer-Weinprobe garantieren überraschende Neuentdeckungen und machen aus dem Einkauf ein Erlebnis.

Darüber hinaus glänzt das einladende Geschäft mit einer Vielzahl weiterer regionaler und internationaler Produkte, die nicht in Masse, sondern in Handarbeit in Manufakturen hergestellt werden. Darunter findet sich eine einmalige Auswahl von über 100 Ronnefeldt-Teespezialitäten, exquisite Confiserie-Pralinen und handgeschöpfte Schokolade. Ob Weingelee, Eifeler-Wildpasteten, Imker-Honig, Rotweinkuchen oder Rotweinsalz – der Ahrweinshop quillt über von erlesenen Erzeugnissen.

Nur gut 100 Meter führen zum Kurpark von Bad Neuenahr, dem perfekte Ort für Erholung und Entspannung im Zentrum der Stadt. Das ganze Jahr werden Kulturveranstaltungen unter freiem Himmel geboten.

Steinheuers Restaurant Zur Alten Post
Landskroner Straße 110
53474 Bad Neuenahr-Ahrweiler (Heppingen)
02641 94860

Tiergehege Schwanenteich
Am Schwanenteich
An der Ahr zwischen Sinzig und Bad Bodendorf
Gleich hinter dem Ehrenfriedhof
53489 Sinzig
02642 6321

46 Das Aroma der Region auf dem Teller

Steinheuers Restaurant Zur Alten Post

Weit über sein kulinarisches Reich hinaus ist Hans Stefan Steinheuer eine anerkannte Persönlichkeit im Ahrtal. Auch jenseits seines mit zwei Michelin-Sternen gekrönten Speiselokals strebt er nach Ausgleich und Perfektion zugleich. Der Patron von Steinheuers Restaurant Zur Alten Post, das seit Jahrzehnten zu den zehn besten Gourmettempeln in Deutschland zählt, beschreibt seine Philosophie wie folgt: »Ich möchte die Dinge zusammenbringen, die füreinander geschaffen sind – aber keine Gegensätze inszenieren.«

Wie keinem anderen gelingt es ihm gemeinsam mit Schwiegersohn und Küchenchef Christian Binder, den Mikrokosmos des Ahrtals als regionalspezifisches Aroma herauszuarbeiten und mit unvergesslichen Genussmomenten die Geschmackserfahrungen seiner Gäste zu erweitern. Diese erwartet eine abwechslungsreiche, kreative Küche, die perfekt gewürzt und mit traumhaft reduzierten Saucen eine Harmonie der Geschmackseindrücke auf den Teller bringt. Die beiden Menüs auf der Karte heißen unprätentiös »Wurzeln« und »Blüten«, sie bieten dennoch mit bis zu sechs handwerklich und künstlerisch perfekten Gängen unglaubliche Finesse, herzerwärmende Harmonie und geschmackliche Tiefe.

Im Service ergänzt sich Désirée Steinheuer als Restaurantleiterin und preisgekrönte Sommelière perfekt mit Mutter Gabriele, die seit jeher auf unvergleichliche Art und Weise mit Herz und Verstand als Gastgeberin agiert. Für die passende Weinempfehlung stehen unglaubliche 1.600 Positionen in einem der besten Weinkeller Deutschlands bereit. Und zum Abschluss kann man sich in der urgemütlichen Lounge am Kaminfeuer noch unter mehr als 250 Spirituosen einen Digestif aussuchen.

Familien mit Kindern lieben das Gehege Schwanenteich bei Bad Bodendorf, wo sich bis zu 150 Tiere auf naturnahem Gelände, auf Seen und Streuobstwiesen tummeln.

Steinheuers Landgasthof Poststuben
Landskroner Straße 110
53474 Bad Neuenahr-Ahrweiler (Heppingen)
02641 94860

Landskrone
Via Burgstraße und Bonner Straße bis zur Treppe, die zum ausgeschilderten Wanderweg führt.
53474 Bad Neuenahr-Ahrweiler

47 Mamas Küche auf Weltniveau

Steinheuers Landgasthof Poststuben

Eines der besten Landgasthäuser in Deutschland liegt in Heppingen und gehört zum Genussimperium der Familie Steinheuer. In den Poststuben pflegen Hans Stefan und Gabriele Steinheuer gemeinsam mit Tochter Désirée und Schwiegersohn Christian Binder eine bemerkenswerte Symbiose von Tradition und Moderne auf höchstem Niveau.

Die Küche veredelt die Produkte der Region in bodenständigen Rezepten zu köstlichen Gerichten, die man heute nur noch selten in vergleichbarer Qualität findet. Was auf den Teller kommt, würde man in Italien wohl als »Cucina della Mamma« bezeichnen. Diese traditionelle Kochkunst wird kontinuierlich von der gesamten Familie weiterentwickelt und behutsam modernisiert. Alle Gerichte werden à la minute zubereitet und mit herzlicher Gastfreundschaft kredenzt. Das fünfgängige Herbstmenü zelebriert heimatverbundene Küche in allerhöchster Perfektion. Serviert wird Thunfisch-Carpaccio mit Sojavinaigrette und Sprossensalat, Graupenrisotto mit Erbsen und Wachtelbrust, Seezungen-Crèmesüppchen mit Hummerklößchen, Hirschkalbmedaillons mit Pfifferlingen, Wirsing und hausgemachten Spätzle – wem läuft da nicht das Wasser im Munde zusammen? Ein Quarkknödel mit Zwetschgenröster, Sorbet und Zimt-Parfait rundet das Geschmackserlebnis ab.

Dazu passt wunderbar einer der über 1.600 Weine, die im Keller des Gastrotempels lagern. Für den wohlverdienten Digestif und einen Zigarillo begibt man sich zum Abschluss in die Lounge, in der auch die Gäste des benachbarten Gourmetrestaurants am offenen Kamin den Abend ausklingen lassen.

Am Horizont erhebt sich die Landskrone mit der denkmalgeschützten Maria-Hilf-Kapelle und Resten einer Burgruine. Die Felskuppe lässt sich bei einer Wanderung entlang kleiner Pfade erkunden

Weingut Nelles
Göppinger Straße 13a
53474 Bad Neuenahr-Ahrweiler (Heimersheim)
02641 24349

XXL-Bank Heimersheim
Ausgangspunkt:
Ecke Bauser Weg/
Vehner Weg
53474 Bad Neuenahr-Ahrweiler

48 Winzertradition seit 1479

Weingut Nelles

Wer bis zur Decke schauen will, muss den Kopf in den Nacken legen. Die Wände im Veranstaltungssaal des Weinguts Nelles in der Göppinger Straße in Heimersheim messen um die sechs Meter. Einst Sitz der örtlichen Winzergenossenschaft, beheimatet das Gebäude seit 1970 den Winzerbetrieb. Ein erstaunlicher Umstand, reicht dessen Geschichte doch bis 1479 zurück. Aus diesem Jahr datiert eine Urkunde, aus der hervorgeht, dass Peter Nelis als Pächter eines »wyngartz« ungewöhnlich hohe Zinsen an den Herrn der Burg Landskrone zahlte.

Heute bewirtschaftet Nelles etwa 9,5 Hektar im Unteren Ahrtal – und gehört zu den besten Wingütern des gesamten Ahrtals. Ein Indiz dafür ist nicht zuletzt, dass es sich um eines von sieben Unternehmen an der Ahr handelt, die Mitglied im Verband Deutscher Prädikatsweingüter (VDP) sind. Eine Besonderheit ist der mit 25 Prozent für die Region recht hohe Anteil an Weißweinen, die Nelles produziert. Die Rebstöcke sind zum Teil etwa ein halbes Jahrhundert alt. »Das rührt ein bisschen daher, dass ich einen Großvater hatte, der keinen Rotwein mochte«, erzählt Juniorchef Philip Nelles.

Ursprünglich lag das Gut Nelles direkt an der Ahr. Ins ehemalige Domizil der Heimersheimer Winzergenossenschaft umziehen musste der Betrieb wegen des Baus einer Umgehungsstraße. So liegt der Fluss heute einige hundert Meter entfernt. Von der Flutkatastrophe im Juli 2021 wurde das Weingut trotzdem hart getroffen; der Keller lief voll. Die Wassermassen zerstörten mehr als die Hälfte der Holzfässer, in den die Tropfen reifen.

Inzwischen ist nicht nur die Vinothek der Familie Nelles wieder geöffnet, sondern auch der Weingarten bei gutem Wetter. Dort lässt sich der hauseigene Wein entspannt genießen.

In gut 20 Gehminuten erreicht man südlich vom Weingut Nelles die XXL-Bank am Ahrsteig. Die fünf Meter lange Sitzgelegenheit mit einer Höhe von 1,5 Metern ist beliebtes Fotomotiv und Aussichtspunkt oberhalb von Heimersheim.

Schönherr's Restaurant am Köhlerhof
Großer Weg 100
53474 Bad Neuenahr-Ahrweiler (Lohrsdorf)
02641 6693

Straußenfarm Gemarkenhof
Führungen, Hofladen und Restaurant
Auf Plattborn 7
53424 Remagen
02642 21960

49 Genuss mit Blick aufs Grün

Schönherr's Restaurant am Köhlerhof

Glücklich schätzen können sich die Mitglieder des Bad Neuenahrer Golf- und Landclubs. Ihr Meisterschaftsplatz ist nicht nur mehrfach als schönster im ganzen Rheinland ausgezeichnet worden, das elegante Clubrestaurant hat zudem eine hervorragende Küche und verfügt über eine herrliche Terrasse. Dieser Luxus steht auch allen Nichtgolfern offen. Vor allem Wanderer und Radfahrer sowie Feinschmecker und Naturfreunde kehren gerne ein.

Die österreichisch-philippinischen Gastgeber Michael und Jackelyn Schönherr fuhren zwei Jahrzehnte auf internationalen Kreuzfahrtschiffen zur See und spielten sogar in der Fernsehsendung *Verrückt nach Meer* mit, bevor sie dauerhaft auf dem Köhlerhof ankerten. Sie kümmern sich seitdem herzlich um das Wohl ihrer Gäste. Die Küchenmannschaft beeindruckt mit kreativen Speisen wie geschmorten Kalbsbäckchen mit Sellerie-Kartoffelstampf und grünem Spargel oder traditionellen Gerichten wie Wiener Schnitzel vom Kalb mit Bratkartoffeln und Salat. Unbedingt zu empfehlen ist der Kaiserschmarrn aus Michael Schönherrs steirischer Heimat mit Vanilleeis, Rosinen und Mandeln als Nachspeise.

Im stimmungsvoll eingerichteten Restaurant sorgen große runde Tische für Geselligkeit. Die überdachte und windgeschützte Außenterrasse, direkt neben dem Übungsgrün und mit Blick auf das 18. Loch des hochdekorierten Golfplatzes, ist ein Ort der Entspannung und Erholung, nicht nur nach einer erfolgreichen Golfrunde. Auf die Verwendung von Produkten höchster Qualität legen die Schönherrs großen Wert, so finden je nach Jahreszeit Qualitätsprodukte wie Spargel, Kürbis oder Wild den Weg in die Köhlerhof-Küche.

In der Nähe leben auf Deutschlands wohl größter Straußenfarm 500 Vögel aller Altersstufen. Nach einer Runde mit der Bimmelbahn bietet das dortige Restaurant eine Vielfalt von Straußenfleischgerichten.

Restaurant Feinschliff
Kirchplatz 8
53489 Sinzig
02642 9959699

Ahrsteig
Siebte Etappe
Bad Neuenahr–Sinzig

50 Ein Genuss für alle

Restaurant Feinschliff

Vom Sinziger Bahnhof aus sind es zum Restaurant Feinschliff am Kirchplatz gerade einmal 500 Meter. Hinter dem benachbarten Rathaus stehen zahlreiche Parkplätze zur Verfügung. Die Verkehrsanbindung ist wichtig, weil das Lokal weit über die Stadtgrenzen hinaus Gäste anlockt. Aus Bonn und sogar Köln kommen sie, wie Geschäftsführerin Victoria Lölsberg berichtet. Wohl nicht zuletzt die von asiatischen und europäischen Aromen geprägte Crossover-Küche und das besondere Konzept ziehen die Besucher an.

Für ein exklusives Ambiente und einen reibungslosen Service achtet Lölsberg am Abend darauf, dass im Restaurant höchstens die Hälfte der 36 Sitzplätze belegt ist. Ohne Reservierung geht nichts. Um 18.30 Uhr fällt der Startschuss für alle Gäste. Dem Aperitif folgt das Vier-Gänge-Menü, für alle das gleiche. Wer im Feinschliff abends etwas anderes probieren will, muss sich mitunter mehrere Wochen gedulden – bis das Menü wechselt. Eine große Auswahl bietet dafür die Weinkarte, die sich längst nicht nur auf Erzeugnisse von der Ahr beschränkt.

Bei seinen kulinarischen Kreationen setzt der in der Sternegastronomie erfahrene Koch Paul Heuser etwa Garnele mit Thaibasilikum, Rosenkohl mit Räucheraal und Schokolade mit Quitte in Szene. Apropos Sterne: Das Feinschliff hat zwar (noch) keinen, doch der *Guide Michelin* ist bereits aufmerksam geworden und bescheinigt dem Restaurant ein »trendig-schickes Ambiente«.

Etwas bodenständiger als abends geht es am Mittag zu. Zum Lunch warten auch auf spontane Gäste täglich wechselnde Klassiker. Der Freitag ist dem Fisch vorbehalten, während es sonntags ein »schönes Stück Fleisch« gibt, wie Heuser sagt. Und sogar die Currywurst hat es schon auf die Mittagskarte geschafft.

Sinzig ist das Ziel der Ahrsteig-Schlussetappe, die in Bad Neuenahr beginnt. Start des insgesamt 100 Kilometer langen Premiumwanderwegs ist in Blankenheim.

Blick über Ahrweiler und Bad Neuenahr

Information

Ahrtal-Tourismus Bad Neuenahr-Ahrweiler e.V.
Oberstraße 8
53474 Bad Neuenahr-Ahrweiler
02641 91710
https://www.ahrtal.de

Unterkünfte

Aparthotel am Kurpark
Willibrordusstraße 6
53474 Bad Neuenahr-Ahrweiler
02641 94050
http://www.aparthotel-bad-neuenahr.de

Campingplatz Denntal Ahrbrück
Denntalstrasse 49
53506 Ahrbrück
02643 6905
https://www.camping-denntal.de/de

Campingplatz Zur Burgwiese
Sonnscheidstraße 35
53508 Mayschoss
02643 7652
https://www.ahr-camping.de

Dorint-Hotel
Grand-Prix-Strecke
53520 Nürburg
02691 3090
www.dorint.com

Gasthaus Assenmacher
Brückenstraße 12
53505 Altenahr
02643 1848
www.assenmacher-altenahr.de

Hotel Eifelstube
Ahrhutstraße 26
53474 Bad Neuenahr-Ahrweiler
02641 34850
https://www.eifelstube-ahrweiler.de

Hotel Hohenzollern
Am Silberberg 50
53474 Bad Neuenahr-Ahrweiler
02641 9730
www.hotelhohenzollern.com

Hotel Krupp
Poststraße 4
53474 Bad Neuenahr-Ahrweiler
02641 3039623
www.hotel-krupp.de

Hotel Rodderhof
Oberhutstraße 48
53474 Bad Neuenahr-Ahrweiler
02641 3990
https://hotel-rodderhof-ahr.de

Hotel Ruland
Brückenstraße 6
53505 Altenahr
02643 8318
www.hotel-ruland.de

Hotel Villa Aurora
Georg-Kreuzberg-Straße 8
53474 Bad Neuenahr-Ahrweiler
02641 9430
www.aurora.de

Hotel zum Stern
Marktplatz 9
53474 Bad Neuenahr-Ahrweiler
02641 97890
www.hotel-zum-stern.de

Hotel zur Post
Brückemstraße 11
53505 Altenahr
02643 9310
www.hotelzur-post.de

Steigenberger-Hotel
Kurgartenstraße 1
53474 Bad Neuenahr-Ahrweiler
02641 9410
www.hrewards.com/de/
steigenberger-hotel-bad-neuenahr

Essen und Trinken

Altenwegshof
Im Teufenbach 100
53474 Bad Neuenahr-Ahrweiler
02641 34753
https://www.altenwegshof.de

Bells Genusshof & Marktplatz
Niederhutstraße 25–27
53474 Bad Neuenahr-Ahrweiler
02641 900243
https://bells-genusshof.de

Brogsitters Gasthaus Sanct Peter
Walporzheimer Straße 134
53474 Bad Neuenahr-Ahrweiler
02641 97750
https://www.sanct-peter.de

Dagernova Restaurant & Weinstube
Ahrweg 7
53507 Dernau
02643 8321
https://www.dagernova.de

Dagernova Weinbistro
Hauptstraße 83
53474 Bad Neuenahr-Ahrweiler
02641 947238
https://www.dagernova.de

Eiscafé Lopa
Ahrhutstraße 49
53474 Bad Neuenahr-Ahrweiler
02641 34993
www.facebook.com/eiscafelopa

Eisweiler
Bossardstraße 1
53474 Bad Neuenahr-Ahrweiler
https://ahrtaleis.de

Försters Weinterrassen
Im Teufenbach 65
53474 Bad Neuenahr-Ahrweiler
20641 2079315
www.foersterhof.de

Freilinger See-Bar
Am Freilinger See 2
53945 Blankenheim
02697 390
www.freilinger-see-bar.de

Gasthaus Assenmacher
Brückenstraße 12
53505 Altenahr
02643 1848
www.assenmacher-altenahr.de

Hotel-Restaurant Ruland
Brückenstraße 6
53505 Altenahr
02643 8318
www.hotel-ruland.de

Krausberghütte
Ausgangspunkt: Auf der Wacht
53507 Dernau
02643 2649
www.krausberg-dernau.de

Landhotel Ewerts
Ahrstraße 13
53520 Insul
02695 380 oder 1723
www.hotel-ewerts.de

Neuenahrer Brauhaus
Hauptstraße 112
53474 Bad Neuenahr-Ahrweiler
02641 950660
www.neuenahrer-brauhaus.de

Restaurant Augustiner im Rodderhof
Oberhutstraße 48
53474 Bad Neuenahr-Ahrweiler
02641 3990
https://hotel-rodderhof-ahr.de

Restaurant Blaue Ecke
Markt 5
53518 Adenau
02691 2005
www.blaueecke.de

Restaurant Feinschliff
Kirchplatz 8
53489 Sinzig
02642 9959699
www.restaurant-feinschliff.de

Restaurant Hofgarten Dernau
Bachstraße 26
53507 Dernau
02643 1540
https://www.hofgarten-dernau.de/

Restaurant Hohenzollern
Am Silberberg 50
53474 Bad Neuenahr-Ahrweiler
02641 9730
https://www.hotelhohenzollern.com/

Restaurant im Hotel Eifelstube
Ahrhutstraße 26
53474 Bad Neuenahr-Ahrweiler
02641 34850
https://www.eifelstube-ahrweiler.de

Restaurant Prümer Gang
Niederhutstraße 58
53474 Bad Neuenahr-Ahrweiler
02641 4757
https://www.pruemergang.de/

Restaurant S-Ecke
Ahrstraße 17
53533 Müsch
02693 930033
www.von-ser.de

Restaurant Sternchen im Hotel Zum Stern
Marktplatz 9
53474 Bad Neuenahr-Ahrweiler
02641 97890
https://hotel-zum-stern.de/
restaurant-ahrweiler

Restaurant Thüres
Seilbahnstraße 22
53505 Altenahr
02643 7105
www.sermann.de

Schönherr's Restaurant am Köhlerhof
Großer Weg 100
53474 Bad Neuenahr-Ahrweiler
02641 6693
https://www.schoenherrs-koehlerhof.de

Steinerberghaus
Steinerbergstraße 1
53506 Kesseling
0176 87528891
www.steinerberghaus.de

Steinheuers Landgasthof Poststuben
Landskroner Straße 110
53474 Bad Neuenahr-Ahrweiler
02641 94860
www.steinheuers.de

Steinheuers Restaurant Zur Alten Post
Landskroner Straße 110
53474 Bad Neuenahr-Ahrweiler
02641 94860
www.steinheuers.de

Stil Blüte Café
Ahrhutstraße 32
53474 Bad Neuenahr-Ahrweiler
02641 9117074
www.kockerols-am-markt.de

Weingut Kloster Marienthal
Klosterstraße 3–5
53507 Marienthal
02641 98060
www.weingut-kloster-marienthal.de

Weinhaus Bunte Kuh
Marienthaler Straße 60
53474 Bad Neuenahr-Ahrweiler
02641 34606
https://www.weinhaus-bunte-kuh.de

Weinhaus St. Nepomuk
Rotweinstraße 5
53506 Rech
02643 8582
www.stnepomuk-rech.de

Wein-Lounge im Kurpark
Oberstraße 8
53474 Bad Neuenahr-Ahrweiler
02641 91710
https://www.ahrtal.de/weinlounge-im-park

Wiesenwirtschaft
Weingut Paul Schumacher
Am Trotzenberg
(Koordinaten: 50.5364622, 7.0633621)
53474 Bad Neuenahr-Ahrweiler
0177 7534225
https://www.weingut-ps.de

Einkaufen

Bio-Obsthof Johannes Nachtwey
Bonner Straße 100
53501 Grafschaft
02225 2446
http://www.obsthof-nachtwey.de/home.html

Brettspielheld
Niederhutstraße 52–54
53474 Bad Neuenahr-Ahrweiler
02641 8299041
www.brettspielheld.de

Dagernova Weinmanufaktur
Heerstraße 91–93
53474 Bad Neuenahr-Ahrweiler
02641 94720
https://www.dagernova.de

Danko – der Ahrweinshop.de
Kreuzstraße 7a
53474 Bad Neuenahr-Ahrweiler
02641 21993
www.ahrweinshop.de

Edelobstbrennerei Kießling
Schönbergstraße
53501 Grafschaft
02641 34446
https://www.edelobstbrennerei-kiessling.de

Eifel-Destillerie P. J. Schütz
Schmittstraße 3
53501 Grafschaft
02641 94920
https://www.eifel-destillerie.de

Essigmanufaktur Acetovit
Hardtbergstraße 2
53507 Dernau
0151 56034994
https://www.acetovit.de

Et Kamellestüffche
Niederhutstraße 20
53474 Bad Neuenahr-Ahrweiler
02641 9115164
www.etkamellestüffche.de

Feinkost Schmickler
Telegrafenstraße 27
53474 Bad Neuenahr-Ahrweiler
02641 79625
www.feinkost-schmickler.de

Fußgängerzone Bad Neuenahr
Poststraße, Ahrstraße und Kreuzstraße
53474 Bad Neuenahr-Ahrweiler

HARIBO Lagerverkauf Grafschaft
Joseph-von-Fraunhofer-Straße 33
53501 Grafschaft
02641 3002800
www.haribo.de

Hofladen Schopphof
Weststraße 20
53501 Grafschaft
02641 35759
http://www.schopphof-esch.de

Jagdhaus Rech
Bärenbachstraße 35
53506 Rech
02643 84 84
www.jagdhaus-rech.de

Jean Stodden – das Rotweingut
Rotweinstraße 7–9
53506 Rech
02643 3001
www.stodden.de

Kaufhaus Moses
Hauptstraße 83
53474 Bad Neuenahr-Ahrweiler
02641 75040
www.moses-mode.de

Konditorei Irmgartz
Hauptstraße 103
53474 Bad Neuenahr-Ahrweiler
02641 24151
https://www.konditorei-irmgartz.de

Maibachfarm
Im Maibachtal 100
53474 Bad Neuenahr-Ahrweiler
02641 36679
https://maibachfarm.de

Obsthof und Safterei Sonntag
Am Burggraben 3
53501 Grafschaft
02225 701799
https://obsthof-sonntag.de

Stil-Blüte-Café
Ahrhutstraße 32
53474 Bad Neuenahr-Ahrweiler
02641 9117074
www.kockerols-am-markt.de

Toggenburger Churfirstin
Niederhutstraße 44
53474 Bad Neuenahr-Ahrweiler
0177 3296510
https://www.churfirstin.de

Vinothek Altenahr
Roßberg 125
53505 Altenahr
02643 1613
www.wg-mayschoss.de/vinoteken

Vinothek Eventhalle Dernau
Römerstraße 32
53507 Dernau
02643 1266
https://www.dagernova.de

Vinothek im Gasthaus Sanct Peter
Walporzheimer Straße 134
53474 Bad Neuenahr-Ahrweiler
02641 97750
https://www.sanct-peter.de

Von SER – Sion's Eifeler Räucherkammer
Ahrstraße 17
53533 Müsch
02693 930033
www.von-ser.de

Weingut Deutzerhof
Deutzerwiese 2
53508 Mayschoß
02643 7264
www.deutzerhof.de

Weingut Erwin Riske
Wingertstraße 28
53507 Dernau
02643 8406
https://www.weingut-riske.de

Weingut J. J. Adeneuer
Max-Planck-Straße 8
53474 Bad Neuenahr-Ahrweiler
02641 34473
https://adeneuer.de

Weingut Kriechel
Walporzheimer Straße 83–85
53474 Bad Neuenahr-Ahrweiler
02641 36193
https://www.weingut-kriechel.de

Weingut Max Schell
Rotweinstraße 41
53506 Rech
02643 3580
https://www.max-schell.de

Weingut Nelles
Göppinger Straße 13a
53474 Bad Neuenahr-Ahrweiler
02641 24349
http://weingut-nelles.de

Weingut O. Schell
Rotweinstraße 33
53506 Rech
02643 8387
https://weingutschell.de

Weingut Sonnenberg
Heerstraße 98
53474 Bad Neuenahr-Ahrweiler
02641 6713
https://weingut-sonnenberg.de

Weinmanufaktur Walporzheim
Walporzheimer Straße 173
53474 Bad Neuenahr-Ahrweiler
02641 34763
www.wg-mayschoss.de

Winzergenossenschaft Mayschoß-Altenahr
Ahr-Rotweinstraße 42
53508 Mayschoß
02643 93600
www.wg-mayschoss.de

Winzerhof Körtgen
Oberhutstraße 16
53474 Bad Neuenahr-Ahrweiler
02641 37113
https://www.koertgens.de

Besichtigen

Ahrquelle
An der Ahrquelle 3
53945 Blankenheim
https://www.ahrtal.de/pois/ahrquelle/poi.html

Ahrschleife im Langfigtal
53505 Altenahr

Ahrtor Ahrweiler
Ahrhutstraße 2
53474 Bad Neuenahr-Ahrweiler
https://www.ahrtal.de/pois/ahrtor/poi.html

Arp Museum
Hans-Arp-Allee 1
53424 Remagen
02228 94250
https://arpmuseum.org

Aussichtspunkt Fischley
Ausgangspunkt: Im Teufenbach
53474 Bad Neuenahr-Ahrweiler

Aussichtspunkt Schönste Weinsicht der Ahr
Rastplatz an der Kreisstraße 34
53507 Dernau

Aussichtspunkt und Schutzhütte Bunte Kuh
Marienthaler Straße 21
53474 Bad Neuenahr-Ahrweiler
https://www.ahrtal.de/pois/
aussichtspunkt-bunte-kuh/poi.html

Benediktinerabtei Maria Laach
Am Laacher See gelegen
56653 Glees
02652 590
www.maria-laach.de

Bildstock Flucht nach Ägypten
Ausgangspunkt: An der Bundesstraße
53508 Mayschoß

Blankartshof
Blankartshof 1
53474 Bad Neuenahr-Ahrweiler
02641 91710

Burg Are
Altenburger Straße
53505 Altenahr
https://www.ahrtal.de/pois/burg-are/poi.html

Burg Aremberg
Burgstraße 23
53533 Aremberg
www.aremberg-burgruine.de

Burgruine Saffenburg
Ahr-Rotweinstraße
53508 Mayschoß
www.saffenburg.de

Dokumentationsstätte Regierungsbunker
Am Silberberg 0
53474 Bad Neuenahr-Ahrweiler
02641 9117053
https://www.regbu.de

Ehemaliges Kloster Calvarienberg
Kalvarienbergstraße 50
53474 Bad Neuenahr-Ahrweiler
https://www.ahrtal.de/barrierefreier-urlaub/audioguides/audioguides-in-bad-neuenahr-ahrweiler/kloster-calvarienberg

Feldkapelle
Doktor-Hans-und-Paul-Riegel-Straße
53501 Grafschaft

Flutkapelle Ahrtal
Marienthaler Straße 70
53474 Bad Neuenahr-Ahrweiler
https://www.ahrtal.de/pois/flutkapelle/poi.html

Haus Wolff
Niederhutstraße 42
53474 Bad Neuenahr-Ahrweiler

Heimat-, Zunft- und Johannitermuseum Adenau
Am Kirchplatz
53518 Adenau
02691 2773
www.stadt-adenau.de/kultur/heimatmuseum.html

Landskrone
Via Burgstraße und Bonner Straße zum ausgeschilderten Wanderweg
53474 Bad Neuenahr-Ahrweiler
https://www.ahrtal.de/pois/landskrone/poi.html

Lourdes-Grotte im Efferzbusch
Ausgangspunkt: Oberescher Weg
53501 Grafschaft

Marienthaler Atelier
Klosterstraße 3–5
53507 Marienthal
0151 23098340
https://marienthaler-atelier.de

Maubisch-Pass
Ausgangspunkt: Zum Ahrweiler Berg
53501 Grafschaft

Museum Roemervilla
Am Silberberg 1
53474 Bad Neuenahr-Ahrweiler
02641 5311
http://www.bad-neuenahr-ahrweiler.de/roemervilla-ahrweiler

Niedertor Ahrweiler
Niederhutstraße 2
53474 Bad Neuenahr-Ahrweiler
https://www.ahrtal.de/pois/niedertor/poi.html

Nürburgring
Otto-Flimm Straße
53520 Nürburg
0800 2083200
www.nuerburgring.de

Obertor Ahrweiler
Walporzheimer Straße
53474 Bad Neuenahr-Ahrweiler
https://www.ahrtal.de/pois/obertor/poi.html

Pfarrkirche Sankt Laurentius
Marktplatz 13
53474 Bad Neuenahr-Ahrweiler
02641 34737
https://www.laurentius-aw.de

Schloss Sinzig
Barbarossastraße 35
53489 Sinzig
02642 980500
www.sinzig.de

Teufelsloch
Ausgangspunkt: Altenbergerstraße
53505 Altenahr
02641 91710
https://www.ahrtal.de/pois/teufelsloch/poi.html

XXL-Bank Heimersheim
Ausgangspunkt: Ecke Bauser Weg/Vehner Weg
53474 Bad Neuenahr-Ahrweiler
https://www.ahrtal.de/pois/xxl-bank-heimersheim/poi.html

Aktivitäten

Freibad Ahrweiler
Am Schwimmbad 1
53474 Bad Neuenahr-Ahrweiler
02641 3780984
www.bad-neuenahr-ahrweiler.de

Geschichtengarten an der Ahr
Ecke Carl-von-Ehrenwall-Allee/
Herrestorffstraße
53474 Bad Neuenahr-Ahrweiler
https://www.glasklahr.de/geschichtengarten-an-der-ahr

Golf- und Landclub
Bad Neuenahr GmbH + Co.KG
Großer Weg 100
53474 Bad Neuenahr-Ahrweiler
02641 950950
www.glc-badneuenahr.de

Hochseilgartentraining
Bad Neuenahr-Ahrweiler
Adenbachhutstraße
53474 Bad Neuenahr-Ahrweiler
02641 2227
https://www.seilpark.de

Kino-Center Rhein-Ahr
Hauptstraße 67
53474 Bad Neuenahr-Ahrweiler
02641 28708
www.kino-rhein-ahr.de

Kurpark Bad Neuenahr
Kurgartenstraße 13
53474 Bad Neuenahr-Ahrweiler
https://www.das-heilbad.de/startseite.html

Minigolfen im Kurpark Bad Breisig
Koblenzer Straße 39
53498 Bad Breisig
bad-breisig.de/Tourismus

Panorama-Sauna
Panoramaweg 2
53501 Grafschaft
02641 97030
https://www.panoramasauna.de

Prädikatswanderweg AhrSteig
Blankenheim–Sinzig
www.ahrtal.de/ahrsteig

Römer-Thermen
Albert-Mertes-Straße 11
53498 Bad Breisig
02633 480710
www.roemerthermen.de

Rotweinwanderweg
Bad Bodendorf–Altenahr
https://www.rotweinwanderweg.de

Sommerrodelbahn Altenahr
Rossberg 143
53505 Altenahr
02643 2321
www.sommerrodelbahn-altenahr.de

Spielbank Bad Neuenahr
Hauptstraße 58
53474 Bad Neuenahr-Ahrweiler
02641 75750
www.spielbank-bad-neuenahr.de

Straußenfarm Gemarkenhof
Auf Plattborn 7
53424 Remagen
02642 21960
https://straussenfarm-gemarkenhof.de

Tiergehege Schwanenteich
Am Schwanenteich
53489 Sinzig
02642 6321
https://tierfreunde-schwanenteich.de

Wald- und Wildpark Rolandseck
Am Kasselbach 4
53424 Remagen
02228 433
https://wildpark-rolandseck.de/

Wald-Abenteuer – der Wald-Kletterpark
Königsfelder Straße 100
53474 Bad Neuenahr-Ahrweiler
0221 98256000
https://wald-abenteuer.de

Veranstaltungen

24-Stunden-Rennen am Nürburgring
Otto-Flimm-Straße
53520 Nürburg
0221 472747
https://www.24h-rennen.de

Ahrathon
Heerstraße 98
53474 Bad Neuenahr-Ahrweiler
02641 6713
www.ahrathon.de

Ahrweiler Weinwochen
Marktplatz
53474 Bad Neuenahr-Ahrweiler
02641 91710
www.ahrtal.de

AhrWeinWalk
Alveradistraße 1
53474 Bad Neuenahr-Ahrweiler
02641 91710
www.ahrtal.de/ahrweinwalk

Barbarossamarkt
Barbarossastraße 35
53489 Sinzig
0177 4101779
www.sinzig.de

Burgunderfest
Rotweinwanderweg
53474 Bad Neuenahr-Ahrweiler
02641 6713
https://burgunderfest.de

Festival Musik und Wein im Ahrtal
Klosterstraße
53507 Dernau
02641 917982
www.kleinkunstandmore.de

Hotfoot Run am Nürbrugring
Otto-Flimm-Straße
53520 Nürburg
02381 3389844
https://hotfootrun.de

Klangwelle
Kurpark
53474 Bad Neuenahr-Ahrweiler
02641 91710
www.die-klangwelle.de/index.php/indexpage.html

Kurpark on Ice
Kurpark
53474 Bad Neuenahr-Ahrweiler
02641 91710
www.ahrtal.de/kurpark-on-ice

Lucia Markt Rech
Brückenstraße 4
53506 Rech
02643 2545
www.rech-weindorf.de

Martinsmarkt Dernau
Bachstraße 37
53507 Dernau
02643 9047070
www.dernau.de/tourismus/martinsmarkt

Musikfestival Rock und Wein auf dem Weingut Sonnenberg
Heerstraße 98
53474 Bad Neuenahr-Ahrweiler
02641 6713
https://rock-und-wein.de

Rock am Ring am Nürburgring
Otto-Flimm-Straße
53520 Nürburg
030 4036 132 0
www.rock-am-ring.com

Sommer am See
Koblenzer Straße 1
53945 Blankenheim
02449 870
www.blankenheim.de

Sprudelndes Sinzig
Kirchplatz
53489 Sinzig
02642 97830
www.sinzig.de

Uferlichter
Kurpark
53474 Bad Neuenahr-Ahrweiler
02641 80050
www.uferlichter.de

Weinfrühling Mittelahr
Rotweinwanderweg
53507 Dernau
02643 9419341
https://zukunft-mittelahr.de

Weinmarkt/Pfingstweinmarkt der Ahr
Marktplatz
53474 Bad Neuenahr-Ahrweiler
02641 91710
www.ahrtal.de

Die Saffenburg hoch oben
über Mayschoß

Wo kann ich ganz-
jährig WEIN-EVENTS
entdecken?
...natürlich
im
ahr
tal.
Weitere Events und Infos auf ahrtal.de/veranstaltungen

Gästeführung „In Vino Veritas"

Weinprobe

Weinmarkt der Ahr

AhrWeinWalk

WeinLounge im Park

Blick von den Weinbergen auf das Kloster Kalvarienberg

Andy Neumann,
Es war doch nur Regen!?
978-3-8392-2946-0

Ohne Vorwarnung kam die Flut über das Ahrtal. In der Nacht vom 14. auf den 15. Juli 2021 brach eine Katastrophe über die beschauliche Weinregion herein. Zurück blieben Schlamm, unfassbares Leid und viele Jahre harter Arbeit, die den Bewohnern nun bevorstehen. Andy Neumann nimmt die Leser mit in diese Situation und macht auf sehr persönliche Weise deutlich, welche Kämpfe die Bewohner des Ahrtals durchstehen mussten. Feinsinnig und mit einer Prise Humor, insbesondere aber von einem klaren Willen geprägt: weitermachen.

Andy Neumann,
Vergiss mal nicht!
978-3-8392-0251-7

Ein Jahr nach der verheerenden Flutkatastrophe an der Ahr zieht Andy Neumann Bilanz. Persönlich, aber auch gesellschaftlich. Politische Verantwortung, Katastrophen- und Klimaschutz, Auswirkungen ungesteuerter Helferstrukturen: Die Themen sind gewichtig, Neumanns Bilanz streitbar. Wenig bis nichts hat sich verändert, meint der Autor. Und er fragt sich, was noch passieren muss, damit wir endlich handeln, anstatt zu vergessen.

Lieblingsplätze in der Region

Annkatrin König, Silas Landeck
Lieblingsplätze
für Wanderer – Eifel
192 Seiten, 14 x 21 cm
Klappenbroschur
ISBN 978-3-8392-0617-1

Diana-Isabel Scheffen,
Sven von Loga
Lieblingsplätze
rund um Köln und Bonn
192 Seiten, 14 x 21 cm
Klappenbroschur
ISBN 978-3-8392-0627-0

GMEINER